Lasko · Wie aus Ideen Bilder werden

Wolf W. Lasko

Wie aus Ideen Bilder werden

Einfach besser präsentieren –
In Sekunden überzeugen

GABLER

Die Deutsche Bibliothek – CIP-Einheitsaufnahme

Lasko, Wolf W.:
Wie aus Ideen Bilder werden : einfach besser
präsentieren – in Sekunden überzeugen /
Wolf W. Lasko. – Wiesbaden : Gabler, 1997
ISBN 3-409-18937-8 Gb.

Der Gabler Verlag ist ein Unternehmen der Bertelsmann Fachinformation.

© Betriebswirtschaftlicher Verlag Dr. Th. Gabler GmbH, Wiesbaden 1997
Lektorat: Manuela Eckstein

Umschlaggestaltung: Schrimpf und Partner, Wiesbaden
Satz: FROMM MediaDesign GmbH, Selters/Ts.
Druck und Bindung: Wilhelm & Adam, Heusenstamm
Printed in Germany

ISBN 3-409-18937-8

Inhaltsverzeichnis

Prolog _____ 9

1. Unternehmensentwicklung: The Wind of Change _____ 11
  1. Unternehmensentwicklung zwischen Fortschritt
     und Kontinuität _____ 12
  2. Qualitativer Entwicklungssprung –
     Von der Raupe zum Schmetterling _____ 15
  3. Änderung durch Wachstum _____ 17
  4. Entwicklungspotentiale aktivieren _____ 19
  5. Durch neue Perspektiven zu neuen Einsichten _____ 21
  6. Neues wagen: Den Kreis der Gewohnheiten
     verlassen _____ 23
  7. Change-Management *oder* Der Eisberg _____ 25
  8. Quantensprung mit den richtigen Tools _____ 27
  9. Unternehmensentwicklung:
     Kaizen oder Quantensprung _____ 29
  10. Die Krähen *oder* Kurzfristige Beratungserfolge _____ 31
  11. Der Quantensprung aus der Krise _____ 33
  12. Steigerung der Unternehmensperformance *oder*
     Der Sprung des Delphins _____ 35

2. Unternehmensführung: Management by Visions _____ 37
  13. Vorausschauendes Management: Problem erkannt,
     Problem gebannt _____ 38
  14. Stabilisator Unternehmenskultur _____ 41
  15. Lego statt Ego: Multikulturelle Unternehmen _____ 43
  16. Visionen step by step umsetzen _____ 46
  17. Strategisches Management *oder* „Arme Hunde"
     und „Milchkühe" _____ 48
  18. Unternehmensführung: Lemmingstrategien vermeiden 50
  19. Jeder hat seinen Platz _____ 52
  20. Lernende Unternehmen – Das Handlungspotential
     erweitern _____ 54
  21. Strategische Planung zwischen Polarität und Einheit __ 56

22. Teampotentiale nutzen _____ 58
23. Durch Ausdauer zur richtigen Lösung _____ 60
24. Unternehmenswachstum durch „Umweltbewußtsein" 62
25. Offenheit bewahren _____ 64
26. Individuell zum Ziel _____ 66
27. Ziele mit Entwicklungsfeedback erreichen _____ 68
28. Keine Strategien von der Stange _____ 70
29. Die Qual der Partnerwahl _____ 72
30. „Umsatzrendite" versus „innere Werte" _____ 74
31. Visionen umzusetzen braucht seine Zeit _____ 76
32. Keine Angst vor Rückschlägen _____ 78
33. Vielfalt aus Grundeinheiten ableiten _____ 80
34. Ist- und Sollzustand vergleichen _____ 82
35. Weiter Fokus: Das Umfeld immer im Auge behalten _ 84
36. Neue Situationen erfordern neue Handlungsmuster __ 86
37. Leistungspotentiale durch Variation und Kombination 88
38. Einheit in der Vielfalt _____ 90

3. **Personal: Im Mittelpunkt der Mensch** _____ 93
39. Ganzheitliche Personalentwicklung:
    Mit Kopf, Herz und Händen _____ 94
40. Motivationsmanagement: Die 2-6-2-Regel _____ 97
41. Erfolgsfaktor Begeisterung _____ 99
42. Personalmanagement: „Faule Äpfel" isolieren _____ 101
43. Die Kraft konstruktiver Kritik _____ 103
44. Die Absicht zählt _____ 105
45. Offenheit für Kritik _____ 107

4. **Organisation: Das geordnete Chaos** _____ 109
46. Unternehmensorganisation: Zwischen Ordnung
    und Chaos _____ 110
47. Doughnut-Organisation:
    Kernbereiche und Freiräume definieren _____ 113
48. Systemisches Management *oder* Das Fischernetz ____ 115
49. „Lean": nein! „Fit": ja! _____ 117
50. Fischschwarm-Organisation _____ 119
51. Das Puzzle *oder* Jede Einheit besteht aus Teilen _____ 121
52. Alles ist mit allem verbunden _____ 123

5. Marketing: Konzentration auf den Kunden _____ 125

53. Neue Kunden im Erfolg gewinnen _____ 126
54. Robert die Ratte *oder* Aktives Markt-Management __ 129
55. Dicke Brocken und kleine Fische:
    Mehr Umsatz mit System _____ 131
56. Erfolgreiche Positionierung:
    Die Produkt-Markt-Perspektive _____ 133
57. Den Abschluß im Visier _____ 135
58. Das Prinzip Hoffnung *oder* Reklamationen
    erfolgreich managen _____ 137
59. Individuelle Kundenkommunikation _____ 139
60. Aktives Kundenmanagement mit der Erfolgsmatrix __ 141
61. Das Unternehmen im Markt *oder* Das Sandwich _____ 143
62. Kundenmanagement durch Prioritäten _____ 145
63. Das Pareto-Prinzip _____ 147
64. Neue Marktsegmente erkunden _____ 149
65. Positionierung durch Konzentration _____ 151

6. Kommunikation: Unsere Sprache ist unsere Welt _____ 153

66. Dem Kompromiß eine Chance _____ 154
67. Kontroversen effektiv managen:
    Moderation und Integration _____ 157
68. Meetings moderieren: Wenn zwei sich streiten _____ 159
69. Inhalt und Beziehung –
    Kommunikation auf zwei Ebenen _____ 161
70. Vorträge mit Power _____ 163
71. Der Globus *oder*
    Eine Identifikationsperspektive bieten _____ 165
72. Mißverständnissen keine Chance geben _____ 167
73. Statements durch Fragen „abklopfen" _____ 169

7. Projektmanagement: Effektiv im Team _____ 171

74. Vorsicht Projekterfolg *oder* Der Ikarus-Effekt _____ 172
75. Leistungsplus durch Teamwork _____ 174
76. Projekte immer portionieren _____ 176
77. Der Flaschenhals *oder* Projektengpässe überwinden __ 178

8. Probleme/Ziele: Keine Probleme mit Problemen _____ 181

78. Von den Problemen lösen _____ 182
79. „Grenzenlose" Kreativität _____ 185
80. Die Menge macht's: Evolutionäre
     Problemlösungsprozesse _____ 187
81. Weite Lösungsräume öffnen _____ 189
82. Problemen begegnen: Love it, leave it, change it _____ 191
83. Die richtige Perspektive: Gegensätze verbinden _____ 193
84. Problemlösungen mit Perspektive _____ 195
85. Problembereiche aufbrechen _____ 197
86. Die richtige Distanz zum Problem _____ 199
87. Konzentration auf die Lösung bringt Power _____ 201

9. Persönlichkeit: Sich selbst managen _____ 203

88. Beziehungsmanagement: Power durch Partner _____ 204
89. Nutzen Sie Ihre Talente _____ 206
90. Die Power des Positiven _____ 208
91. „Return on Investment" oder Die sieben Kugeln _____ 210
92. Aktive Lebensplanung _____ 212
93. Wer sich nicht selbst ändert, ändert nichts _____ 214
94. Auch das Negative akzeptieren _____ 216
95. Die Macht der Gewohnheit überwinden _____ 218
96. Zehn Steine oder Im Hier und Jetzt leben _____ 220
97. Die Opferrolle aufgeben _____ 222
98. Taschenlampe und Kerze oder
     Lassen Sie sich nicht blenden _____ 224
99. Der Sägeblatt-Effekt oder „Arbeitsinseln" schaffen _____ 226

10. Über den Rand hinaus _____ 229

100. Zufriedenheit durch Zustimmung _____ 230
101. Personenwahrnehmung mit Hindernissen _____ 232
102. „Innovativ" oder „Chancen verpaßt"? _____ 234
103. Die kreative Kraft der Wahrnehmung _____ 236
104. Wer hat recht? oder Der Elefant _____ 238
105. Das Pendel des Lebens _____ 240
106. Streß verändert die Wahrnehmung _____ 242

Epilog _____ 245
Der Autor _____ 247

Prolog

Wer kennt sie nicht, die Meetings, die Präsentationen, in denen in ermüdender Konsequenz Wort an Wort, Statement an Statement gereiht wird? Alle Teilnehmer verstehen sehr wohl, was gemeint ist, doch der Funke springt einfach nicht über. Bis einer der Vortragenden durch eine schnelle Zeichnung alle überzeugt. Die Mienen der Zuhörer hellen sich auf, sie lächeln, Ausrufe wie: „Genau, das ist es, Sie haben recht!" kündigen nicht nur von rein rationalem Verstehen, sondern auch von emotionaler Zustimmung.

Wer die Fähigkeit besitzt, in Meetings, Kunden- oder Mitarbeitergesprächen sowohl den Verstand als auch das Gefühl, das rationale und das emotionale Denken anzusprechen, hat die Zuhörer mit Sicherheit auf seiner Seite.

Warum aber sind bildhafte Darstellungen wie Grafiken oder auch einfache Skizzen überhaupt eine so effektive Unterstützung zur Erklärung verbaler Ausführungen? Die moderne Gehirnforschung gibt hierauf eine Antwort: Der Mensch verfügt über zwei Arten zu denken: eine rationale beziehungsweise analytische und eine emotionale beziehungsweise synthetische. Lange Zeit wurde die emotionale Seite vernachlässigt, Gefühle und Intuition hatten in so seriösen Kreisen wie dem Management nichts zu suchen. Doch mittlerweile konnten die engen physiologischen und funktionalen Zusammenhänge der beiden Arten zu denken empirisch nachgewiesen werden. Das Schlagwort von der „emotionalen Intelligenz" ist deshalb sehr zu Recht in aller Munde. Den beiden „Denkweisen" entsprechen schließlich die Ausdrucksformen Wort und Bild. Das rationale Denken bedient sich der verbalen Sprache, das emotionale, synthetische Denken der bildhaften. Die Kombination beider „Codes" spricht das menschliche Denken also ganzheitlich an.

Ein Beispiel dafür, wie bildhafte Vorstellungen rationale Denkprozesse unterstützen, gibt eine für die organische Chemie folgenreiche Vision des Naturforschers Friedrich von Kekulé, der Mitte des 19. Jahrhunderts mit zahlreichen Fachkollegen lange Zeit über der Struktur des Benzolmoleküls brütete. Sein rationales Denken brachte ihn jedoch nicht weiter. Eines Tages nickte er am Kamin ein und sah vor seinem inneren Auge, wie sich die einzelnen Teile des Benzols zu einem Ring formten. Kekulé sah als Bild das, was die Chemie seiner Zeit für unmöglich hielt. Diese Vision entstand in dem engen Wechselspiel von rationalem und intuitivem Denken. Das Bild konnte dann wiederum in die Sprache des rationalen Denkens übersetzt werden. Der Erkenntnisgewinn war gesichert.

„Wie aus Ideen Bilder werden" demonstriert anhand von etwa 100 Praxisbeispielen, unter anderem aus den Themenbereichen Organisation, Personal, Unternehmensführung, Marketing und Kommunikation, wie die erfolgreiche Kombination von Text und Bild aussehen kann.

„Wie aus Ideen Bilder werden" ist sowohl ein Nachschlagewerk für die überzeugende Präsentation verschiedener Managementthemen als auch ein Ratgeber, der kurz und prägnant Lösungsvorschläge für Probleme aus der Unternehmenspraxis liefert.

Doch jetzt: Viel Spaß dabei, selbst die zwei Sprachen – Worte und Bilder – bei der Erklärung komplexer Sachverhalte zu verwenden.

WOLF W. LASKO

1 Unternehmens-entwicklung: The Wind of Change

1. Unternehmensentwicklung zwischen Fortschritt und Kontinuität

Problem	Ein Unternehmen fühlt sich zu sehr entweder einer Entwicklungsdynamik oder der „Kontinuität durch Stillstand" verpflichtet.
Ziel	Die Vorteile von Dynamik und Stabilität sollen in einem Entwicklungsmodell integriert werden.

Wir alle fühlen uns dem Fortschritt verpflichtet. Das Fortschreiten in aufsteigender Linie von einem bestimmten Zustand zu einem besseren Zustand ist unser Lebensinhalt und unsere Lebensphilosophie. Das Zeitalter der Aufklärung mit seinem Glauben an die Selbstvervollkommnung des Menschen hat hieran einen wesentlichen Anteil. Die Menschheit scheint sich auf ein bestimmtes Ziel hin zu bewegen. Die Evolutionstheorie stützt diese These von seiten der Naturwissenschaften.

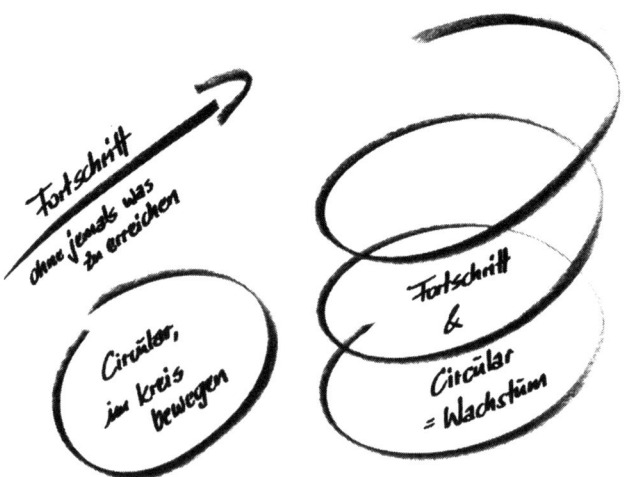

Verbindung von linearem Fortschritt und zyklischer Abgeschlossenheit

Dieser Vorstellung vom linearen Verlauf der Geschichte steht das zyklische Geschichtsbild entgegen. Kerngedanke dieser Vorstellung ist nicht mehr die fortlaufende lineare Vervollkommnung, sondern die Abgeschlossenheit historischer Abschnitte – etwas entsteht, blüht auf und geht wieder zugrunde, etwas Neues tritt an seine Stelle und durchläuft den gleichen Zyklus, ohne daß es in irgendeiner Hinsicht „besser" wäre als das vorangehende.

Während das erste Modell durch seine Dynamik geprägt ist, ist das zweite durch seine Statik charakterisiert.

Seit das Tempo der Neuerungen den Generationenrhythmus überholt hat, entsteht auch im Wertesystem Streß.

Beide Vorstellungen lassen sich nicht nur auf Epochen, sondern auch auf kürzere Lebenszyklen, wie beispielsweise die von Unternehmen, beziehen. Wer sein Unternehmen nach dem Fortschrittsmodell führt, sich also linear entwicklen möchte, steht jedoch immer nur auf einem Bein. Die Entwicklung verläuft zu Lasten der Stabilität. Wer sein Unternehmen nach dem zyklischen Modell führt, verfügt zwar über sehr viel Stabilität durch Kontinuität, dies geht jedoch zu Lasten der Entwicklung und Innovationskraft. Damit werden die Chancen zur Optimierung oder Anpassung an veränderte Umweltbedingungen reduziert.

Nur eine Kombination beider Entwicklungskonzepte, des linearen und des zyklischen Modells, garantiert beides, Fortschritt und Stabilität.

Eine Kombination beider Modelle kann zum Beispiel bei vielen erfolgreichen Projekten zur Organisationsentwicklung festgestellt werden. Die harmonische Verbindung von linearem Fortschritt und stabilisierender Kontinuität ist vor allem bei Organisationsentwicklung-Maßnahmen wichtig, die tiefgreifende Änderungen in einem kurzen Zeitraum zum Ziel haben. Ein bloßes Fortschreiten ohne stabilisierende Faktoren wäre zum Scheitern verurteilt. Die lineare Entwicklung findet dabei ihre Entsprechung in dem Bestreben, das Organisationssystem zu verändern, zu optimieren. Anlaß für einen solchen Änderungsprozeß können zum Beispiel Veränderungen in der Unternehmensumwelt sein beziehungsweise neue strategische Vorgaben der Unternehmensführung. Eine solche Entwicklung ist jedoch nur möglich, wenn sie durch „konservative" Faktoren stabilisiert wird. Hierzu gehört zum Beispiel die Routine eingespielter Projektarbeit, wobei die Projekte zyklisch angelegt sind – ein Projekt wird initiiert, leistet Arbeit und wird aufgelöst, ein anderes Projekt folgt und durchläuft denselben Zyklus.

Auch bei Maßnahmen zur Persönlichkeitsentwicklung ist darauf zu achten, daß beide Modelle integriert werden. Entwicklungsmaßnahmen müssen immer gegebene Persönlichkeitsstrukturen berücksichtigen. Wird dies versäumt, sind sie entweder wirkungslos, oder sie bringen die Person, die gefördert werden soll, aus dem Gleichgewicht. Ein eher introvertierter Manager kann nicht durch ein Seminar zu einem impulsiven „Hans Dampf" umgemodelt werden. Vielmehr muß sein ruhigerer Charakter als positive Basis verstanden werden, auf der neue Verhaltensweisen entwickelt werden, wie zum Beispiel die Fähigkeit, sich in andere besser hineinzuversetzen. So ist garantiert, daß bestehende Potentiale in einem Entwicklungsprozeß genutzt und ausgebaut werden.

2. Qualitativer Entwicklungssprung – Von der Raupe zum Schmetterling

Problem	Ein Unternehmen ist sich nicht sicher, ob Änderungsprozesse in kleinen Schritten oder in einem Sprung realisiert werden sollen.
Ziel	Es soll auf den kategorialen Unterschied zwischen beiden Entwicklungsmodellen hingewiesen werden.

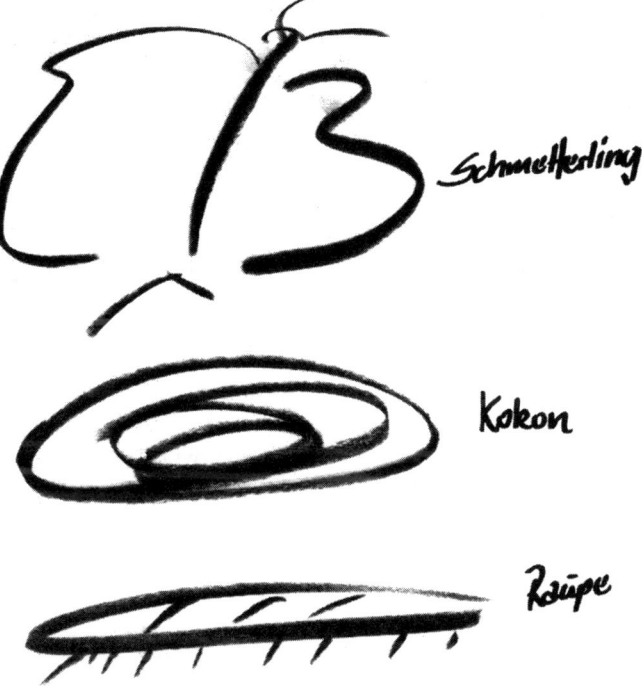

Ein radikaler Wandel von der Raupe zum Schmetterling

Konzepte zur Unternehmensentwicklung können grundsätzlich in evolutionäre und in revolutionäre unterschieden werden. Die einen, wie das asiatische Kaizen, zielen auf kontinuierliche Verbesserungsprozesse. Die Optimierung der Strukturen und Prozesse erfolgt Schritt für Schritt. Die Gestalt des Unternehmens wird keinem grundlegenden Wandel unterzogen. Ganz anders wird bei Konzepten des radikalen Wandels, wie zum Beispiel bei Business Reengineering-Ansätzen, vorgegangen. Entscheidungswege werden verkürzt, Unternehmen werden dezentralisiert, die funktionale Gliederung tritt in den Hintergrund zugunsten kundenorientierter Wertschöpfungsketten und einer entsprechenden Prozeßorientierung. Hierbei kann nicht halbe Sache gemacht werden, der Erfolg liegt in der Konsequenz. Unternehmen, die sich solchen Radikalkuren unterziehen, verfügen danach über ein völlig neues Aussehen.

Wenn bei uns alles so bleiben soll, wie es ist, muß sich vieles ändern.

Unternehmen, die sich kontinuierlichen, sanften Verbesserungsprozessen verschrieben haben, optimieren ihre vorhandenen Anlagen, so wie die Schnelligkeit eines Rennpferdes durch konstantes Training gesteigert werden kann. Unternehmen, die sich Radikalkuren unterziehen, sind eher mit einer Raupe vergleichbar, aus der nicht eine schnellere Raupe, gemacht werden soll, sondern die die Gestalt des Schmetterlings als Ziel hat. Der Schmetterling ist immer noch dasselbe Lebewesen, doch in völlig neuer Gestalt, mit völlig neuen Eigenschaften und Fähigkeiten. Der Schmetterling kann nicht durch eine sukzessive Entwicklung und Optimierung entstehen, sondern nur durch radikale Wandlungsprozesse von der Raupe über die Puppe bis zum Schmetterling. Ein Pferd bleibt, auch wenn es etwas schneller läuft, aber immer noch ein Pferd.

3. Änderung durch Wachstum

Problem   Sie haben das Gefühl, bestimmte Änderungsprozesse beschneiden bestehende Handlungsmöglichkeiten zu sehr.

Ziel   Achten Sie darauf, daß eine Änderung immer auf Bestehendem aufbaut und somit Wachstum bedeutet.

Sie möchten sich weiterqualifizieren und besuchen zu diesem Zweck ein Seminar, das Ihnen verspricht, zunächst einmal Ihre Persönlichkeit zu entwickeln. Falls der Seminarleiter etwas darüber erzählt, daß er diese und jene Verhaltensmuster beseitigen und andere dafür „einsetzen" wird, sollten Sie dieses Seminar schleunigst verlassen, denn der Seminarleiter scheint wenig Ahnung von Änderungsprozessen zu haben.

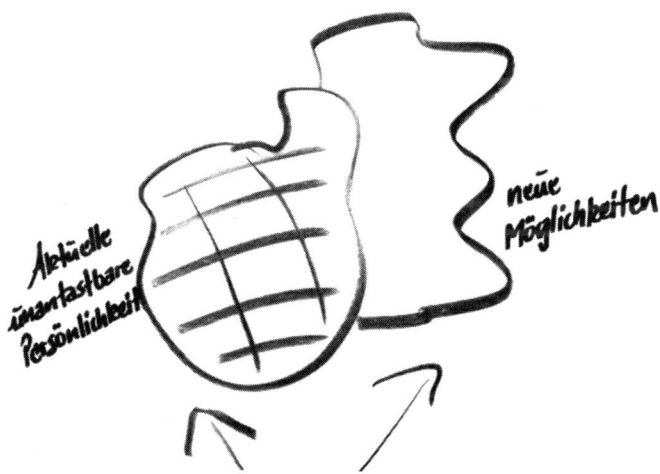

Änderungsprozesse führen zu Wachstum

Das Wesen von Persönlichkeitsentwicklungsprozessen besteht nicht darin, irgendetwas zu entfernen, sondern es besteht darin, ein bestehendes Verhaltensrepertoire zu ergänzen. Die Änderung bedeutet somit Wachstum. Nach wie vor verfügen Sie über Ihr „altes" Verhaltensrepertoire, Sie lernen aber neue Verhaltensmuster dazu und können somit insgesamt auf Ihre Umwelt differenzierter reagieren.

Ohne Wachstum ist keine Größe. *Peter Coryllis*

Optimal ist es natürlich, wenn die Änderungsmaßnahme tatsächlich auch entwicklungsorientiert ist, das heißt, daß sie Ihren Anlagen entsprechend erfolgt. Es kann bei Persönlichkeitstrainings nicht darum gehen, Klone zu generieren, von denen sich einer wie der andere verhält. Es muß darum gehen, bestimmte Persönlichkeitszüge so zu fördern und zu entwickeln, daß sie bestimmten Aufgaben gerecht werden. Es geht also nicht um das Ändern durch Ersetzen, sondern um das Ändern durch Wachstum und Entwicklung.

4. Entwicklungspotentiale aktivieren

Problem	Ihr Unternehmen nutzt seine Entwicklungspotentiale nicht.
Ziel	Fordern Sie dazu auf, Änderungsprozesse in Angriff zu nehmen.

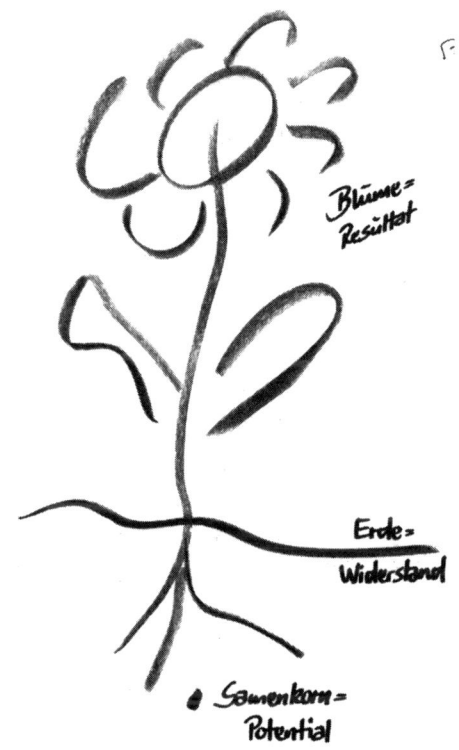

Blume = Resultat

Erde = Widerstand

Samenkorn = Potential

Samenkörner müssen sich entfalten

Der wichtigste Schritt für ein Unternehmen, das sich einem Änderungsprozeß unterziehen will, ist die Wahrnehmung des Änderungsbedarfs. Viele Unternehmen betreiben ein „business as usual" nicht etwa, weil alle Optimierungspotentiale ausgeschöpft wären und keine Änderungsbedarfe bestünden, sondern weil es ihnen einfach an der Einsicht in die Notwendigkeit von Änderungsprozessen mangelt. Entweder nehmen sie Entwicklungen aus dem Unternehmensumfeld nicht wahr, oder sie werden unter „geht uns doch nichts an" abgelegt. Wenn dann „aus heiterem Himmel" der Konkurs ins Haus steht, geben sich die Verantwortlichen meist völlig überrascht, über die „völlig unvorhersehbare Entwicklung". Leider ist es dann meistens zu spät für angemessene Änderungsprozesse. Diese Unternehmen sind wie Samenkörner, die zwar grundsätzlich über ein enormes Entwicklungspotential verfügen, dieses aber nicht mobilisieren.

Jeder Same birgt eine Hoffnung.   *Kahlil Gibran*

Samenkörner müssen sich entfalten, um zu lebendigen Pflanzen zu werden. Unternehmen müssen ihre Entwicklungspotentiale nutzen, um nicht zu verkümmern. Und so, wie Samenkörner die ersten Triebe zunächst im dunklen Boden der Erdoberfläche entgegenstrecken, so agieren auch Unternehmen, die ihre Entwicklungspotentiale ausloten, „im dunkeln". Ihre Vision läßt sie dann in einer bestimmten Richtung weitermachen, bis sie schließlich „die Erdoberfläche durchbrechen" und der Sonne entgegenwachsen können.

5. Durch neue Perspektiven zu neuen Einsichten

Problem	In einem Organisationsentwicklungsprojekt sind nur interne Berater tätig.
Ziel	Der Vorteil eines externen Beraters durch dessen alternative Perspektive soll erläutert werden.

Amöben sind Einzeller ohne eine bestimmte feste Form. Je nachdem, von welcher Seite sie betrachtet werden, ergibt sich ein völlig anderes Bild. Das, was eine Amöbe „ist", hängt somit von der Perspektive des Betrachters ab.

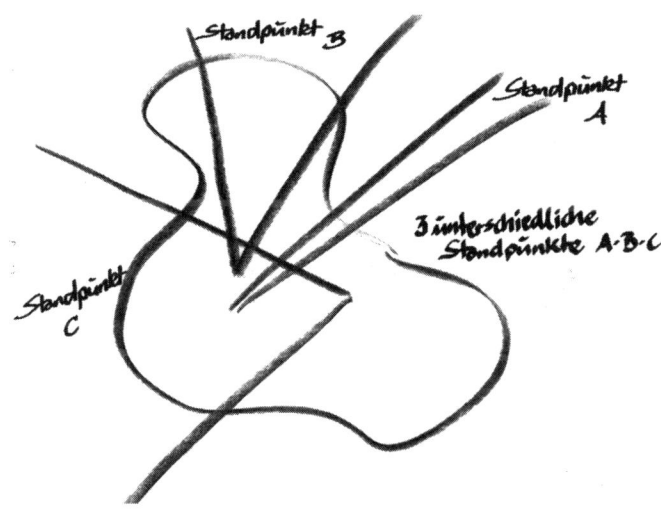

Die Perspektive des Betrachters entscheidet über das Bild,
das er von einer Amöbe erhält

Perspektivische Wahrnehmung bezieht sich jedoch nicht nur auf den optischen Blickwinkel, sondern auch auf die psychologische Perspektive. Die psychologische Perspektive entscheidet darüber, was eine bestimmte Situation oder ein Sachverhalt für einen „Betrachter" bedeutet. So bedeutet zum Beispiel ein Wald für einen Jogger etwas anderes als für einen Förster oder einen Pilzsammler. Der Wald bietet jeweils eine andere Handlungsaufforderung, und er sieht auch tatsächlich für jeden völlig anders aus. Während der Wald für einen Jogger, überspitzt gesagt, nur aus Laufwegen besteht, setzt sich der Wald für den Pilzsammler aus mehr oder weniger großen Anhäufungen von Pilzen zusammen.

Eine halbe Wahrheit ist oft eine große Lüge. *Benjamin Franklin*

Mit unterschiedlichen Wahrnehmungsperspektiven haben zum Beispiel regelmäßig Berater in OE-Projekten zu kämpfen. Deshalb ist es in vielen Fällen ungemein wichtig, daß ein Moderator ein externer Berater ist. Interne Berater haben oftmals dieselbe „Pilzsammler-Perspektive" wie ihre Kollegen, die sie beraten sollen, und können diese somit allenfalls auf eine andere Pilzsorte aufmerksam machen. Ein externer Berater, der genügend Distanz zum Problem und keine fixierte Perspektive hat, kann aber darauf hinweisen, daß es außer Pilzen auch noch Laufwege im Wald gibt. Es ist dabei uninteressant, was der Wald „wirklich" ist. Erkenntnistheoretische Fragen spielen hier keine Rolle. Es geht lediglich darum, hinsichtlich eines bestimmten Problems das vollständige Handlungspotential auszuloten.

6. Neues wagen: Den Kreis der Gewohnheiten verlassen

Problem	Sie sind zu sehr Ihren Gewohnheiten verhaftet. Ihr Entwicklungspotential wird entsprechend blockiert.
Ziel	Machen Sie sich bewußt, wie wichtig es ist, den Kreis des Gewohnten auch verlassen zu können.

Die Gewohnheit ist ein lästiges Ding, selbst an Verhaßtes fesselt sie.

Franz Grillparzer

Wann haben Sie das letzte Mal etwas vollkommen Neues gemacht? Etwas, das außerhalb des von Ihnen Gewohnten liegt? Schon lange nicht mehr? Dann geht es Ihnen wie den meisten Menschen. Allzuoft richten wir uns in unseren Gewohnheiten ein und fühlen uns darin wohl, wie in einer Wohnung, wo alles an seinem Platz ist, wo wir uns auskennen, wo wir es uns wohnlich gemacht haben. Gewiß, Gewohnheiten sind etwas Schönes. Sie geben uns Sicherheit, sie bieten uns einen Rahmen, in dem wir Halt finden. Einen Großteil unseres Selbstbildes, unseres Selbstbewußtseins ziehen wir aus unseren Gewohnheiten. Gewohnheiten bilden die Ordnung, die uns Orientierung bietet. Doch Ordnung bedeutet immer auch Starre. Je mehr Ihr Leben durch Gewohnheiten bestimmt wird, desto mehr werden Sie selbst durch die Gewohnheiten bestimmt. Und da Gewohnheit eben das Fehlen von Entwicklung bedeutet, entwickeln Sie selbst sich auch nicht mehr.

Wir wissen oft allzugut, was wir alles anders machen könnten, sollten oder eigentlich möchten, doch wir tun es nicht, weil wir Angst haben, die Sicherheit der Gewohnheiten zu verlassen. Wir haben einfach Angst vor dem Unbekannten, doch sollten wir auch Angst davor haben, in der Enge unserer Gewohnheiten zu verkümmern. Wir sollten versuchen, den Chaosrand zu wählen, den Bereich zwischen Ordnung und Chaos, zwischen Starre und Strukturlosigkeit. Sichern Sie Ihre Entwicklung dadurch, daß Sie immer wieder Neues in Ihre Gewohnheiten aufnehmen beziehungsweise Gewohnheiten durch etwas Neues ersetzen. Und die mentale Blockade, die Sie eventuell hiervon abhält, können Sie durch eine einfache Übung ablegen.

Ziehen Sie in Gedanken um sich einen unsichtbaren Kreis, eine imaginäre rote Linie. In dem Kreis befinden sich all Ihre Gewohnheiten. Außerhalb des Kreises ist alles Neue. Vergegenwärtigen Sie sich jetzt das Negative Ihrer Gewohnheiten, die Starre und die Enge, die Langeweile. Spüren Sie, wie Sie sich unwohl fühlen? Gut so! Dann stellen Sie sich den Bereich außerhalb des Kreises des Gewohnten vor: das Neue, Ungewohnte. Stellen Sie sich diesen Bereich so schön vor, wie Sie können. Leiden Sie unter Übergewicht, weil Sie es gewohnt sind, jeden abend eine Tüte Kartoffelchips zu essen? Dann stellen Sie sich vor, wie schön es ist, ohne diese lästige Angewohnheit ein paar Kilo leichter zu sein. Geht es Ihnen bei diesen Vorstellungsbildern besser? Dann tun Sie den entscheidenden Schritt. Abgestoßen von den schlechten Gewohnheiten und angezogen von den Änderungen überschreiten Sie die Linie!

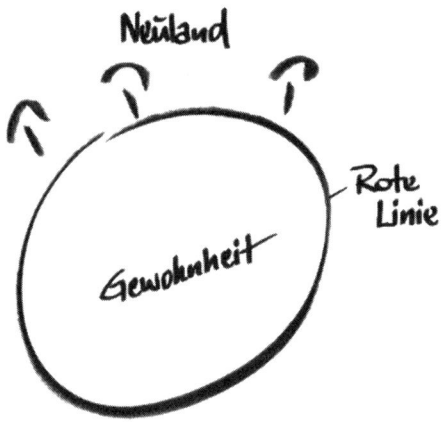

Bleiben Sie nicht im Kreis vertrauter Gewohnheiten

Dasselbe gilt für Änderungen im Berufsleben, zum Beispiel für einen Karrieresprung, der mit einem Ortswechsel verbunden ist, sowie für alle Innovationsprozesse in einem Unternehmen. Das allzu intensive Festhalten an Gewohnheiten behindert eine positive Entwicklung.

7. Change-Management *oder* Der Eisberg

Problem	Die Reorganisationsmaßnahmen konzentrieren sich lediglich auf die harten Fakten eines Unternehmens.
Ziel	Es muß auf die Gefahr einer solchen einseitigen Vorgehensweise aufmerksam gemacht werden.

Viele Schiffe sind schon Eisbergen zum Opfer gefallen. Sie sahen die Spitze aus dem Waser ragen, wichen etwas aus und manövrierten dann volle Kraft voraus auf den „unsichtbaren" Teil des Eisbergs, der unter Wasser liegt und die weitaus größere Masse des Berges ausmacht.

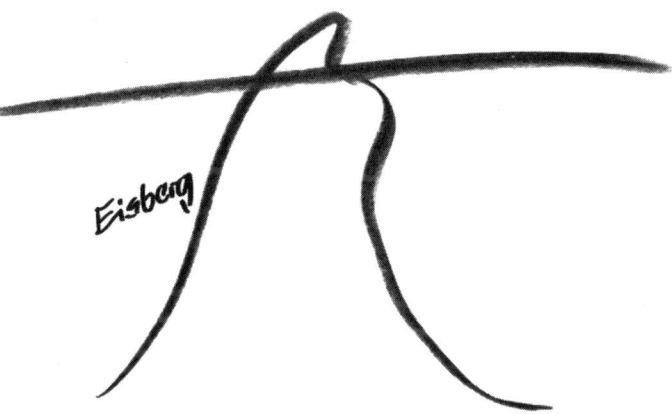

Das eigentliche Problem liegt „unter Wasser"

Organisch wachsen heißt, sich harmonisch organisieren. *Kurt Guggenheim*

Auch bei Reorganisationsprojekten wird regelmäßig nur die Spitze des Eisbergs betrachtet. „Change-Manager" nehmen sich ein schönes Organigramm vor, auf dem angeblich das ganze Unternehmen deutlich zu sehen ist, streichen hier eine Management-Ebene weg und lagern da etwas aus. Leider beschäftigen sich diese Menschen auch nur mit der Spitze des Eisbergs. Denn „unter" den Organigrammen verlaufen die Strukturen und Prozesse, die eigentlich für das Unternehmen wesentlich sind. Die Unternehmenskultur, die Werte und Ziele der einzelnen Mitarbeiter, das Betriebsklima, die Sympathien und Antipathien der einzelnen Mitarbeiter, all das, was man nicht schwarz auf weiß auf einen Schreibtisch legen kann.

Oft scheitern Änderungsmaßnahmen, bevor sie richtig begonnen haben, weil die Change-Manager schon auf den unsichtbaren Teil des Unternehmens aufgelaufen sind, bevor sie überhaupt die „sichtbaren" Strukturen und Prozesse haben optimieren können. Um solche Kollisionen zu vermeiden, müssen Unternehmen immer ganzheitlich wahrgenommen werden.

8. Quantensprung mit den richtigen Tools

Problem	Es soll Equipment angeschafft werden.
Ziel	Es muß darauf geachtet werden, daß mit dem neuen Equipment ein qualitativer Leistungssprung realisert werden kann.

Der Schimpanse Dagobert sitzt in seinem Käfig und freut sich: Ein Pfleger hat Bananen verloren. Doch leider liegen sie vor und nicht in Dagoberts Käfig. Was tun? Dagobert versucht es mit den Händen. Vergeblich, die Bananen liegen zuweit außerhalb des Gitters. Nervös läuft er in seinem Käfig auf und ab, bis er auf einen Stock aufmerksam wird. Schnell holt er sich diesen und kann dadurch mit Leichtigkeit die Bananen angeln.

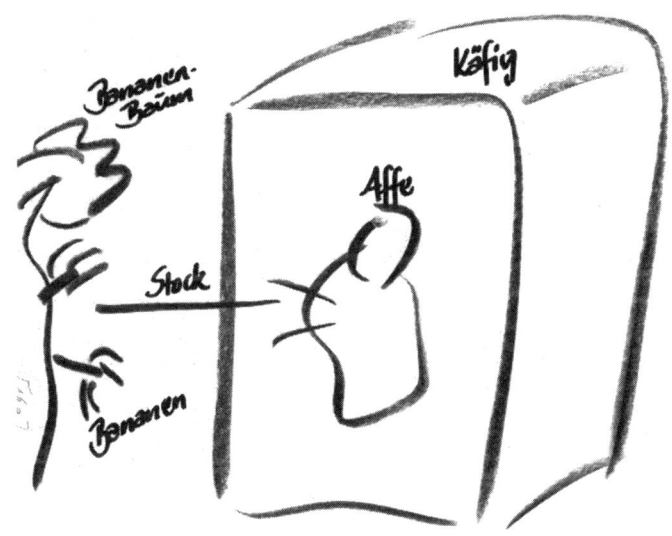

Mit dem richtigen Tool geht es besser

Doch Dagobert kann jetzt nicht nur die Bananen angeln, also sein ursprüngliches Ziel erreichen, er kann jetzt auch das Spielzeug, das in den Baumstumpf gefallen ist, rausfischen und noch vieles mehr. Dagobert hat einen „Quantensprung" vollzogen. Auf einen Schlag verfügt er durch sein neues Tool über ein höheres Handlungspotential.

Es ist töricht, aus einem Stein mehr als Funken herausschlagen zu wollen.
Hanna-Heide Kraze

Der Wert eines Tools kann immer an der Größe des Quantensprungs gemessen werden, der mit seiner Hilfe realisiert werden kann, also an der Differenz der Handlungspotentiale mit oder ohne Tool. Ein Unternehmen, das nach einem neuen informationstechnologischen Equipment Ausschau hält, sollte also nicht nur darauf achten, daß das neue System über alle möglichen Leistungmerkmale verfügt und „absolutely up to date" ist, wie der Verkäufer versichert, sondern daß es damit zu einem Quantensprung ansetzen kann. Die ausgefeiltesten technischen Spezifikationen nützen nichts, wenn sie nicht zweck- beziehungsweise zielorientiert einsetzbar sind. Ein Unternehmen, das Projektarbeit durchführen will, kann mit einem erstklassigen Zentral- rechner weniger anfangen als mit untereinander vernetzten zweitklas- sigen Personal Computern.

Tools sind übrigens nicht nur technische Geräte oder Systeme, sondern auch Kompetenzen und fachliches Know-how, nicht nur Software und Hardware, sondern auch unsere Brainware.

9. Unternehmensentwicklung: Kaizen oder Quantensprung

Problem	Sie machen sich Gedanken über die zukünftige Entwicklung Ihres Unternehmens.
Ziel	Machen Sie sich die grundsätzlichen „Entwicklungsmöglichkeiten" Kontinuität, Evolution und Revolution bewußt.

Stellen Sie sich einmal eine Kreislinie vor. Ihre Aufgabe ist es jetzt, mögliche „Entwicklungswege" dieser Kreislinie zu entwerfen. Sie werden sehr schnell auf die drei grundsätzlichen Lösungen kommen. Erstens: An den Kreis schließt sich ein weiterer Kreis an. Es ändert sich nichts. Zweitens: Dem Kreis folgt ein Quadrat. Es findet eine vorsichtige Änderung statt. Die Dimension bleibt jedoch dieselbe. Drittens: Dem Kreis folgt ein Zylinder. Dies entspricht einer radikalen Änderung. Es findet ein Wechsel in eine höhere Dimension statt. Der zweite Weg ist eine Entwicklung durch Kaizen, der dritte Weg ist eine Entwicklung durch einen Quantensprung.

Stillstand, Evolution oder Revolution?

Den größten Anteil am Fortschritt hat der Wunsch nach Fortschritt. *Seneca*

Wo sehen Sie Ihr eigenes Unternehmen? Bevorzugen Sie den konservativen Weg, der oft Stillstand bedeutet, oder gehen Sie den evolutionären Weg der kleinen Schritte, oder wagen Sie den revolutionären Sprung in eine andere „Dimension"? Alle drei Wege haben ihre Berechtigung. Je nach Unternehmen und Märkten muß entschieden werden, zu welcher Zeit welcher Weg der richtige ist. Ein Unternehmen, das sich in einer Konsolidierungsphase befindet, sollte im allgemeinen nicht zu einem Quantensprung ansetzen. Einem Unternehmen, das der Marktentwicklung nicht mehr hinterherkommt, bleibt einfach nichts anderes übrig. Ist einmal die Adaptionsfähigkeit des Unternehmens an einen dynamischen Markt gesichert, reichen in der Regel die kleinen kontinuierlichen Anpassungsprozesse des Kaizen, um den Unternehmenserfolg zu sichern. Am problematischsten ist der konservative Weg, auf welchem Unternehmen keine Entwicklungsprozesse durchlaufen. Dieser Weg kann nur kurze Zeit in einer relativ statischen Marktsituation gegangen werden in einem wenig innovativen Umfeld.

Motor für Entwicklungsprozesse muß natürlich nicht immer der Markt sein, auch technische Neuerungen oder Verfahrensinnovationen, die eine größere Anpassung an bestehende Märkte garantieren, können Anlaß für Kaizen oder einen Quantensprung sein.

10. Die Krähen *oder* Kurzfristige Beratungserfolge

Problem	Sie beabsichtigen, für bestimmte Reorganisationsmaßnahmen einen Unternehmensberater zu engagieren.
Ziel	Stellen Sie sicher, daß die Veränderungen nicht nur äußerlich sind, sondern sich auch in den Köpfen Ihrer Mitarbeiter vollziehen.

Jeder, der einen Garten hat, kennt das: Wenn ein Baum voller Vögel ist, und man klatscht in die Hände, fliegen die Vögel wild auf und setzen sich nach kurzer Zeit alle wieder an ihren Platz. Der Baum bietet jetzt das gleiche Bild wie zuvor.

Vorher gleich nachher

Und was passiert, wenn ein Unternehmensberater in ein Unternehmen kommt und „in die Hände klatscht"? Genau, Führungskräfte und Mitarbeiter werden plötzlich lebhaft, es entsteht eine enorme Betriebsamkeit oder sogar Aufbruchstimmung, bis der Unternehmensberater sich wieder verzieht. Dann setzt sich jeder wieder an seinen Schreibtisch und geht seinem Job nach wie bisher. Die Änderungen, die durchgeführt wurden, werden recht schnell durch das Beharrungsvermögen der Mitarbeiter hinsichtlich eingefahrener Verfahrensweisen und Denkmuster kompensiert.

Ein Unternehmensberater, der tiefgreifend und nachhaltig etwas ändern will, muß die Änderung zuerst einmal in den Köpfen der Mitarbeiter verankern. Er muß klarmachen können, warum eine Änderung notwendig ist, und er muß klarmachen können, warum gerade die von ihm vorgeschlagenen Änderungen das Nonplusultra sind.

Nicht von außen wird die Welt umgestaltet, sondern von innen.

Lew N. Graf Tolstoj

Es nützt die beste Ausrichtung von Kernprozessen auf den Kunden nichts, wenn die Mitarbeiter nicht selbst kundenorientiert denken. Ein Marketingleiter, der seine Strategien und Tools nach der Frage „Wie kann ich die Kundenbedarfe ermitteln?" ausrichtet, wird zu völlig anderen Ergebnissen kommen als einer, der dies nach der Leitfrage „Wie kann ich unsere Produkte am besten an den Mann bringen?" tut. Auch ein Manager, der von der Führungskraft zum „Service Provider" umgetauft wird, muß für sich zuerst einmal ein völlig neues Selbstbild entwerfen. Sonst hat das Ganze nur zur Folge, daß er zwar akzeptiert, von jetzt an seinen Mitarbeitern Services bieten zu müssen, aber daß diese Services seinem Verständnis nach nichts anderes sind als die autoritären Führungs-„Dienste", die er bisher zu leisten gewohnt war.

11. Der Quantensprung aus der Krise

Problem	Ihr Unternehmen steuert einer Krise entgegen.
Ziel	Mit kleinen Verbesserungsschritten ist es jetzt nicht mehr getan. Setzen Sie zum großen Sprung an.

Wenn Sie sich kurz vor einem Graben befinden, müssen Sie Ihre Kräfte sammeln und springen, wenn Sie weiterkommen wollen. Wenn Sie sich mit kleinen Schritten weiterbewegen würden, hätten Sie sehr schnell ein Problem.

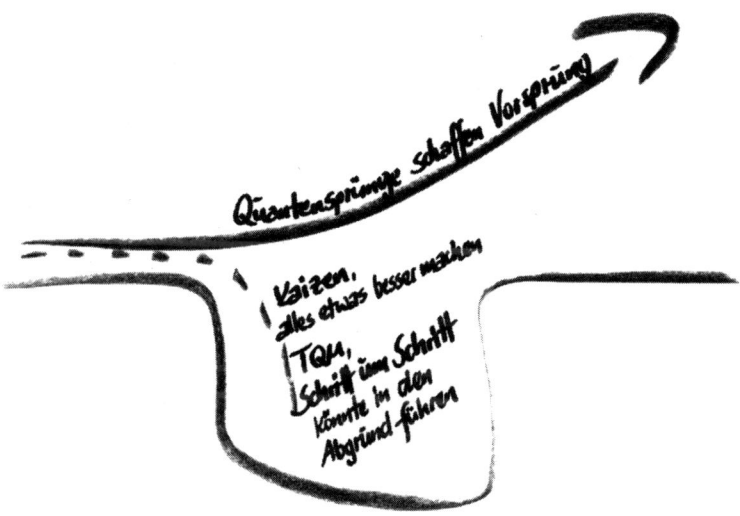

Kleine Schritte oder großer Sprung?

Auch Unternehmen stehen oft vor Herausforderungen, die eine „Politik der kleinen Schritte", sprich Kaizen, wenig ratsam erscheinen lassen. Dieses Vorgehen hat zwar auch seine Berechtigung, aber nur in „guten Zeiten" oder wenn Sie nicht besonders schnell von der Stelle kommen wollen.

Steht Ihr Unternehmen jedoch vor einem Graben, würde es sich mit Kaizen-Konzepten nur langsam, aber sicher in den Abgrund hinein „verbessern". Eine Marketingstrategie für schlechte Märkte wird durch Kaizen lediglich zu einer etwas besseren Marketingstrategie für schlechte Märkte. Was jetzt erforderlich ist, ist ein Sprung in neue, lukrative Marktsegmente.

Aus dem Zusammentreffen von Vorbereitung und Gelegenheit entsteht das, was wir Glück nennen.

Ein solcher Quantensprung ist ebenfalls angesagt, wenn Sie in einem bestimmten Bereich die Nummer eins sein wollen. Kleine Schritte erlauben es Ihnen lediglich, einem Marktführer hinterherzuziehen. Sie werden es aber niemals schaffen, ihn zu überholen. Dennoch, es sei noch einmal gesagt, haben auch Konzepte der kontinuierlichen Verbesserung beziehungsweise Anpassung ihre Berechtigung. Unternehmen, die permanent auf dem Sprung sind, haben nirgends ihren Platz.

12. Steigerung der Unternehmensperformance *oder* Der Sprung des Delphins

Problem	Ein qualitativer Sprung der Unternehmensperformance scheint unmöglich zu sein.
Ziel	Es soll klargemacht werden, daß eine entsprechende Leistungssteigerung sukzessive und „sanft" erreicht werden kann.

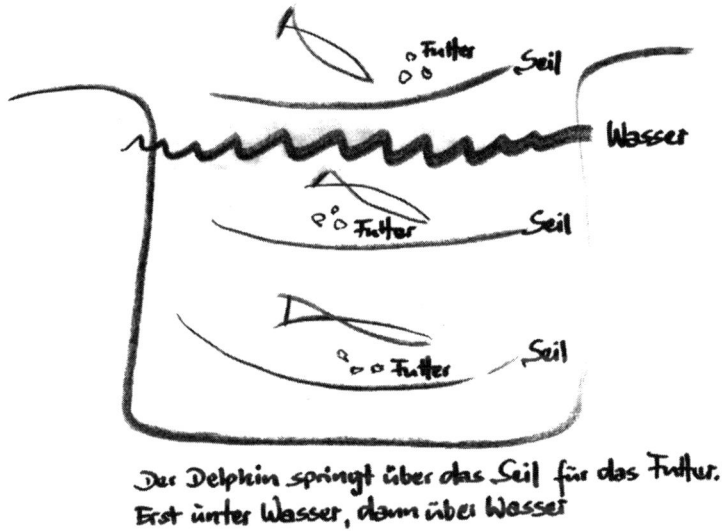

Der Delphin springt über das Seil für das Futter.
Erst unter Wasser, dann über Wasser.

An den „big jump" wird der Delphin langsam und kontinuierlich herangeführt

In vielen Wassershows sind Delphine die unbestreitbare Hauptattraktion. Ihre artistischen Leistungen versetzen die Zuschauer immer wieder in fasziniertes Staunen. Doch die freundlichen Meeressäuger beherrschen die meisten Kunststückchen nicht „instinktiv", sie müssen diese Fähigkeiten Schritt für Schritt erlernen, so zum Beispiel auch den Sprung über ein Seil, das gut zwei Meter über der Wasseroberfläche gespannt ist. Der Trainer läßt den Delphin zuerst unter Wasser über dieses Seil schwimmen und setzt es, immer noch unter Wasser, stets etwas höher. Irgendwann befindet sich das Seil auf der gleichen Höhe wie der Wasserspiegel, und kurz darauf ist schon etwas Luft zwischen Seil und Wasser. Jetzt muß der Delphin seinen Körper aus dem Wasser schnellen, was ihm durch die stufenweise Gewöhnung nicht schwerfallen wird.

Man muß von jedem fordern, was er leisten kann. *Antoine de Saint-Exupéry*

Auch Ihr Unternehmen können Sie Schritt für Schritt auf den großen Sprung vorbereiten. Setzen Sie das „Seil", das Sie überspringen wollen, immer ein klein wenig höher. Die kontinuierliche quantitative Leistungssteigerung wird schließlich in ein qualitatives Leistungsplus umschlagen.

2 Unternehmensführung: Management by Visions

13. Vorausschauendes Management: Problem erkannt, Problem gebannt

Problem	Sie erkennen ein Problem, das erst in ferner Zukunft für Ihr Unternehmen relevant werden wird.
Ziel	Sie wollen blitzartig deutlich machen, daß bereits jetzt die entsprechenden Maßnahmen ergriffen werden müssen.

Wir alle kennen das: Wir ertasten mit unserer Zunge eine kleine Unebenheit auf einem unserer Backenzähne, und wir wissen, aus der kleinen Unebenheit wird sich ein kariöser Bereich und hieraus möglicherweise sogar ein eiternder Zahn entwickeln. Doch was tun wir? Wir gehen nicht etwa dann zum Zahnarzt, wenn wir das Problem erkannt haben, sondern erst dann, wenn uns der Schmerz nachts nicht mehr schlafen läßt. Hätte zu einem frühen Zeitpunkt noch eine leichte Behandlung geholfen, so muß der Zahnarzt jetzt mit dem Bohrer intensiv zur Sache gehen, eine entzündete Wurzel behandeln oder den Zahn sogar ziehen.

Wer die Gefahren fürchtet, der kommt durch sie nicht um. *Leonardo da Vinci*

Und zum Schaden vieler Unternehmen verhalten sich Manager in bezug auf Probleme oder Gefahren ähnlich. Haben Sie schon einmal versucht, in Zeiten, in denen es Ihrem Unternehmen sehr gut ging, der Umsatz und die Rendite hervorragend waren und alle Signale auf Expansion und Wachstum deuteten, im Hinblick auf potentielle Gefahren eine tiefgreifende Reorganisationsmaßnahme vorzuschlagen? Wahrscheinlich haben Sie dann bestenfalls ein gutmütiges Lächeln über Ihren Eifer geerntet. „Uns geht es doch gut, warum sollen wir denn etwas ändern?" so oder so ähnlich werden Ihre vorausschauenden Pläne wohl niedergebügelt worden sein. Ein Management, das sich so kurzsichtig verhält, steuert ein Unternehmen direkt in einen Problembereich oder sogar in eine Krise. Jetzt sind

Feuerwehraktionen angesagt. Jetzt muß gerettet werden, was noch zu retten ist. Jetzt brennt es! Mit etablierten oder angenehmen Gewohnheiten ist dann Schluß, denn in einem brennenden Haus spielt man kein Klavier.

Gerade Änderungsprozesse verlaufen oft nach diesem Schema. Aus dem Moment der Krise heraus müssen komplexe Reorganisationsprozesse initiiert werden. Unter großem äußeren Druck muß in sehr kurzer Zeit ein komplexes Change-Management durchgezogen werden. Dabei ginge es doch auch einfacher. Unternehmen müssen nach vorne schauen. Hinsichtlich dynamischer Umfelder kommt einem strategischen Management ohnehin eine eminent wichtige Bedeutung zu. Auch die Vordenker des Controlling haben dies erkannt. Hatten sie sich früher einem „Management by Rückspiegel" verschrieben, verstehen sie sich heute auch als Navigatoren, die mögliche zukünftige Unternehmensumwelten antizipativ mit in Betracht ziehen.

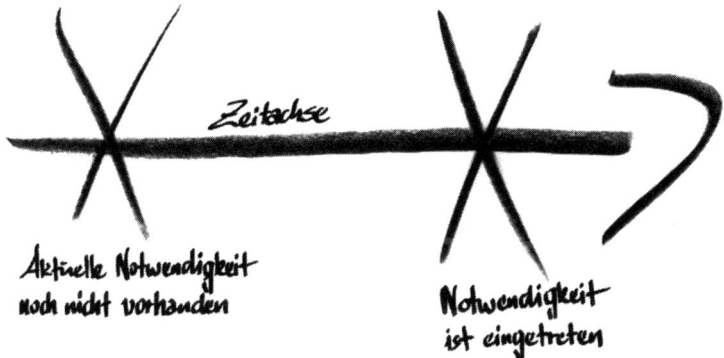

Handeln Sie, sobald Sie ein Problem erkannt haben, nicht erst dann, wenn Sie bereits im Problem stecken

Doch warum fällt uns vorausschauendes Denken und vor allem auch Handeln so schwer? Ein Blick in unsere Entwicklungsgeschichte kann hier für Aufklärung sorgen: Vor zirka 100 Millionen Jahren entwikkelte sich eine leistungsfähige Gehirnregion der Neokortex. Der Neokortex sorgte für einen elementaren Überlebensvorteil, denn er ermöglichte es dem Homo sapiens, Strategien zu entwickeln und zu planen. Aber diese Fähigkeit wurde in einem Anpassungsprozeß an eine relativ einfach strukturierte Umwelt entwickelt, in der eher lineare und kurzfristige Planungen durchgeführt werden mußten: Der Nahrungsvorrat ging zu Ende, also mußte wieder gejagt werden. Die Tage wurden kürzer, und die Temperaturen sanken, also mußten sich unsere Ahnen auf die Kälte vorbereiten.

Vorausschauendes Denken und Handeln in Unternehmen bedarf jedoch eines weitaus komplexeren und auch abstrakteren Denkvermögens, man muß gewissermaßen über seinen stammesgeschichtlichen Schatten springen. Doch das lohnt sich auch. Sonst muß der Zahnarzt mit dem großen Bohrer ran.

14. Stabilisator Unternehmenskultur

Problem In Ihrem Unternehmen werden die Unternehmensprozesse als die einzigen konstitutiven Faktoren des Unternehmens betrachtet.

Ziel Es soll klargemacht werden, daß es „weiche" Faktoren gibt, die die Prozesse zusammenhalten.

Stellen Sie sich einmal ein Wagenrad vor: Außen verlaufen Mantel, Schlauch und Felge. Von dieser gehen die Speichen aus, die durch die Nabe im Zentrum des Rades verbunden werden. Doch dieses Zentrum, in dem alles zusammenläuft, ist „Luft".

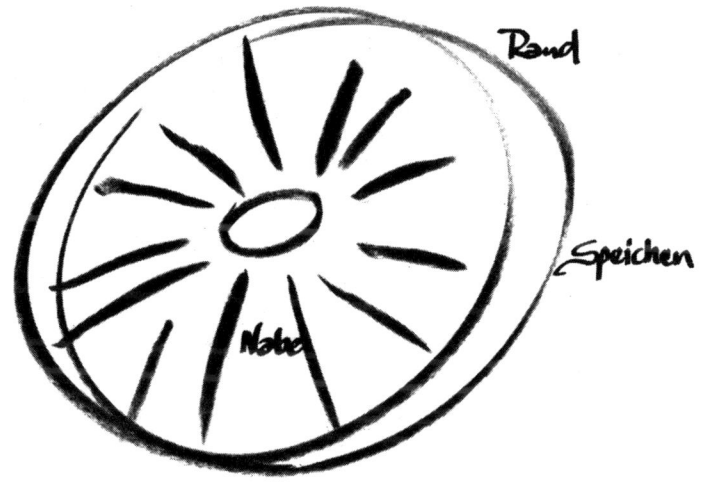

Im Zentrum eines Rades ist „Luft"

Jetzt stellen Sie sich die Wertschöpfungsprozesse eines Unternehmens vor. Eine konsequente Marktorientierung vorausgesetzt, sind alle Prozesse auf den Markt ausgerichtet. Wie die Speichen eines Rades diesem Stabilität verleihen, so geben auch die einzelnen Geschäftsprozesse einem Unternehmen Stabilität. Und so, wie die Speichen ein Zentrum, die Nabe, haben, so werden auch die Geschäftsprozesse durch ein Zentrum zusammengehalten. Und dieses Zentrum ist genausowenig „greifbar" wie die von der Nabe umschlossene Luft. Das Zentrum der Unternehmensprozesse, das diesen Halt gibt, sind die weichen Faktoren eines Unternehmens. Das Betriebsklima, die Unternehmenskultur, die „Stimmung" – all das, was in keinem Organigramm festgehalten werden kann, ist der Kern der Unternehmensorganisation.

Im Grunde sind es doch die Verbindungen mit den Menschen,
die dem Leben seinen Sinn geben.   Wilhelm von Humboldt

Es stimmt schon, daß die Strukturmerkmale einer Organisation Einfluß haben auf das Verhalten der Menschen, die in ihr arbeiten. Straffe, streng hierarchische Organisationsformen prägen das Verhalten der Mitarbeiter auf eine andere Weise als dezentrale Strukturen, die dem Grundsatz „Kompetenzen nach unten" folgen. Aber es stimmt ebenso, daß die beste Organisation und hervorragend optimierte Geschäftsprozesse wenig nützen, wenn es an einem positiven Betriebsklima mangelt. Die Management-Vordenker Peters und Waterman wiesen schon 1982 in ihrem Topseller „In Search of Excellence" auf die Bedeutung der Kultur für den Erfolg von Organisationen hin.

Die Kultur eines Unternehmens entspricht der Persönlichkeit eines Menschen. Und beide werden durch die entsprechenden Gefühle, Einstellungen und Verhaltensformen bestimmt. In Unternehmen schließlich sorgt die Einheit der Unternehmenskultur für die Identität des Unternehmens. Und nur eine Identität, die ebenso wie die nach „außen" gerichteten Unternehmensprozesse einem positiven Auftreten im Markt dient, kann dafür sorgen, daß das „Rad" Unternehmen rund läuft.

Mit der „Identität des Unternehmens" ist hier nicht der Einheitsbrei einer homogenen Kultur gemeint. Die Unternehmensidentität ist vielmehr als eine emergente Eigenschaft einer heterogenen „Kulturlandschaft" zu verstehen. So wie eine Landschaft, die aus Wäldern, Flußläufen, Feldern und Städten besteht, können auch unterschiedliche Subkulturen in einem Unternehmen in ihrer Gesamtheit ein einheitliches Bild geben.

15. Lego statt Ego:
Multikulturelle Unternehmen

Problem	In Ihrem Unternehmen werden keine Subkulturen geduldet.
Ziel	Es muß gezeigt werden, welchen unternehmerischen Nutzen kulturelle Vielfalt hat.

Die Fähigkeit von Unternehmen, verschiedene Subkulturen managen zu können, gewinnt zunehmend an Bedeutung. Eine monolithische Unternehmensidentität, die durch eine homogene Kultur geprägt ist, muß im Hinblick auf die Schnelligkeit der Marktprozesse und die Vielfalt der Marktsegmente kritisch hinterfragt werden. Auch im Bereich der Unternehmenskultur muß sich ein Unternehmen am Chaosrand bewegen. Nur so ist ein flexibles Agieren im Markt möglich, ohne daß die Identität des Unternehmens verlorengeht.

Ein Unternehmen mit einer fest umrissenen kulturellen Aussage hat ein Problem, wenn seine Märkte in eine Richtung abdriften, die mit dieser Message unvereinbar ist. Eine heterogene Kultur beziehungsweise eine Kultur, die nicht durch starre Corporate-Identity-Strategien untermauert wird, genießt den großen Vorteil der Anpassungsfähigkeit. Derartige Organisationen können relativ leicht einen „cultural fit" an sich verändernde Marktsegmente vornehmen.

Alle Kultur ist Erweiterung unseres Bewußtseins.   *C. G. Jung*

Das Fördern einer heterogenen Kultur empfiehlt sich auch für Unternehmen, die verschiedene Kundensegmente durch ein spezifisches aktives Zielgruppenmanagement angehen wollen. Nehmen Sie zum Beispiel einen Zeitschriftenverlag, der Publikationen in den Bereichen Auto und Motorrad anbietet. Das Verlagsprogramm im Autobereich wendet sich an Liebhaber hochpreisiger Automobile. Das Motorradprogramm richtet sich primär an Freaks und Offroad-

Biker. Klar, daß diese beiden Zielgruppen völlig verschieden angesprochen werden wollen und dies nicht nur, was die Gestaltung des Produkts, der Zeitschrift, angeht. Wichtig ist auch das gesamte Auftreten des jeweiligen Bereichs, die „Programmbereichskultur". Die Biker identifizieren sich am ehesten mit lockeren Redakteuren, die selbst so oft es geht auf der Piste sind. Die Marketing-Kommunikation muß ein entsprechendes Bild vermitteln. Der Produktbereich Auto muß hingegen ein völlig anderes Identifikationspotential bieten. Hier ist Solidität und ein gewisses Maß an Exklusivität gefragt.

Doch so unterschiedlich die beiden Produktbereiche auch sind, der Verlag verfügt dennoch über ein einheitliches Image als Verlag, der für Aktualität und fachliche Kompetenz steht. Aktualität und Kompetenz sind die Essentials, die beiden Produktbereichen zugrunde liegen.

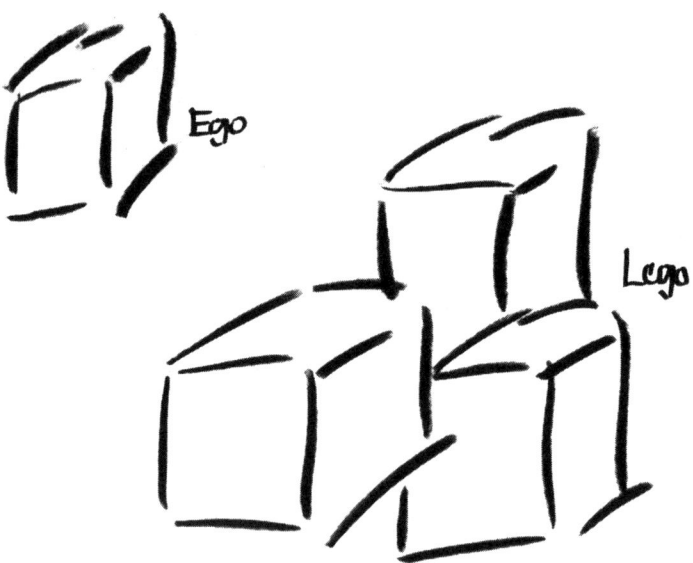

„Management by Lego": Gemeinsame Essentials bilden die Basis, auf der heterogene Kulturen aufsetzen können

Nicht zuletzt ist das Zulassen von Subkulturen auf einer gemeinsamen Basis auch eine wichtige Vorausetzung eines erfolgreichen Integrationsmanagments. Unternehmensakquisitionen können nicht immer auf kulturelle Gegebenheiten Rücksicht nehmen. Ein Unternehmen, das sich selbst als „multikulturelle Gesellschaft" versteht, verfügt über ein ungleich höheres Integrationspotential, als ein Unternehmen, das nur solche Firmen erwirbt, die „ganz genau reinpassen". Natürlich muß in einem Unternehmen, das als Einheit auftreten möchte, auch darauf geachtet werden, daß Kulturen nicht konträr zueinander verlaufen: Ein Wissenschaftsverlag sollte keine Yellow-Press-Produkte anbieten. Die Vielfalt der Kulturen muß immer auf der einheitlichen Basis gemeinsamer Essentials aufbauen.

Ein Unternehmen sollte also, salopp gesprochen, ein „Management by Lego" verfolgen: Die einzelnen Bausteine können verschieden sein, sie müssen jedoch auf eine gemeinsame Basis „gesteckt" werden können.

16. Visionen step by step umsetzen

Problem	Wegen scheinbar zu hoch gesteckter Ziele macht sich Mutlosigkeit breit.
Ziel	Sie möchten veranschaulichen, daß auch ein großes Ziel erreicht werden kann, indem man Schritt für Schritt Teilziele erreicht.

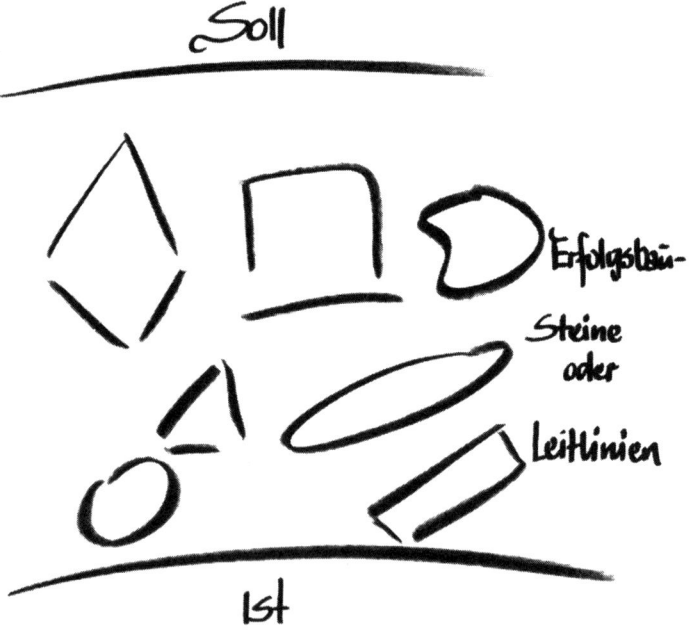

Schritt für Schritt vom Ist zum Soll

Unternehmensberater empfehlen bei der strategischen Ausrichtung von Unternehmen immer wieder, Visionen zu entwerfen. Die Führungsspitze muß ein Bild des größtmöglichen Erfolges entwerfen. Und das ist auch gut so. Nur lassen Unternehmensberater regelmäßig die Unternehmen mit ihrer großartigen Vision alleine sitzen und sorgen so dafür, daß die Differenz zwischen Realität und Vision, zwischen Ist und Soll, das Management in den Zustand der Demotivation versetzt: „In drei Jahren wollen wir im Bereich Umwelttechnik Marktführer werden! ... Doch das schaffen wir nie, wir sind ja nicht einmal unter den Top Ten in der Branche." Mit einer solchen globalen Erfolgsvorgabe und dem mangelnden Vertrauen, dieses Ziel zu erreichen, ist es tatsächlich nahezu unmöglich, die entworfene Vision Wirklichkeit werden zu lassen.

Unsere wichtigste Aufgabe besteht nicht darin zu erkennen, was in weiter Ferne vor uns liegt, sondern das zu tun, was heute zu tun ist.

Der gegenwärtige Zustand ist von der Vision wie durch einen reißenden Bach getrennt, der unüberwindbar zu sein scheint. Die Distanz mag tatsächlich groß sein, doch wie groß sie auch ist, sie kann überwunden werden. Aus dem Wasser des Baches ragen in regelmäßigen Abständen Felsbrocken hervor. Mit relativ leichtem Aufwand kann man jeweils von einem Felsen zum anderen gelangen: ein Spaziergang! Hat man alle Felsen auf dem Weg in Richtung Ufer genutzt, ist das Ziel auch schon erreicht. Die scheinbar unüberwindbare Distanz ist in Wirklichkeit gar kein Problem.

Visionen müssen auch niemals in einem großen Sprung erreicht werden. Ein anvisierter Erfolg läßt sich immer in verschiedene einzelne Schritte zerlegen. Das Ziel, Marktführer zu werden, muß in Teilziele, in einzelne Erfolgsfaktoren, zerlegt werden: Kundenorientierung der Vertriebsmannschaft, Motivationsmanagement, Qualitätssicherung, Optimierung der Organisationsstruktur. Wenn Sie all diese Teilziele erreicht haben, müssen Sie nicht mehr zum großen Sprung ansetzen, um die Vision zu erreichen, dann sind Sie nämlich bereits am Ziel.

17. Strategisches Management *oder* „Arme Hunde" und „Milchkühe"

Problem	In einem Unternehmen besteht Unsicherheit darüber, in welche Geschäftsbereiche investiert werden soll und welche Bereiche zurückgefahren werden müssen.
Ziel	Entsprechende Handlungsanleitungen aus einer Portfolio-Analyse ableiten.

„Der arme Hund muß liquidiert werden!" Das ist kein Satz, der Tierschützern Sorge bereiten muß, sondern er ist das Ergebnis des Vergleichs der Geschäftsfelder eines Unternehmens im Rahmen eines strategischen Managements, auch als Portfolio-Analyse bekannt.

Griff nach den „Sternen" mit der Portfolio-Matrix der BCG

Ursprünglich stammt der Portfolio-Ansatz aus der Finanzwirtschaft und diente dort dem Schnüren eines Wertpapierpaketes. Eine optimale Mischung von Risikopapieren sollte für eine möglichst hohe Verzinsung des investierten Kapitals sorgen. Die Idee, die dahintersteckt, ist ganz einfach: Risikoverminderung durch Diversifikation. Schnell machten sich auch Unternehmen anderer Wirtschaftsbereiche die Portfolio-Analyse zunutze, um Investitionen in bestimmte Geschäftsfelder erfolgsorientiert steuern zu können. Das Abwägen von Chancen und Risiken soll hierbei für ein ausgewogenes Produkt/Markt-Programm sorgen.

Du kannst deine Zukunft nicht vorhersagen, aber gestalten!

Der wohl bekannteste Ansatz der Portfolio-Analyse – und ihm entstammt auch der „arme Hund" – ist der der Boston Consulting Group. Die Geschäftsfelder eines Unternehmens werden anhand der Kriterien „Marktwachstum" und „relativer Marktanteil" bewertet. Leicht läßt sich so die Attraktivität eines bestimmten Marktes mit dem relativen Standing in bezug auf die Konkurrenz verbinden. Diese zweidimensionale Betrachtungsweise ergibt ein Koordinatensystem mit vier Feldern, denen zum Beispiel bestimmte Strategische Geschäftsfelder zugeordnet werden können mit entsprechenden Handlungsempfehlungen:

▶ Arme Hunde: Investitionen zurückfahren, Geschäftsfeld abstoßen.

▶ Melkkühe: Investitionen stabilisieren, Geschäftsfeld melken.

▶ Fragezeichen: gemischtes individuelles Vorgehen.

▶ Sterne: in das Geschäftsfeld investieren.

Es müssen nicht immer strategische Geschäftseinheiten sein, die auf diese Weise untereinander und in bezug auf den Markt verglichen werden. Es können auch einzelne Produkte oder Dienstleistungen kleiner Unternehmen sein, die mit Hilfe einer Portfolio-Analyse bewertet werden. Das Ergebnis sind aber immer Handlungsrichtlinien, die den Erfolg einer strategischen Planung sichern helfen.

18. Unternehmensführung: Lemmingstrategien vermeiden

Problem	Ihr Unternehmen verfügt über ein zu geringes Differenzierungspotential gegenüber Mitbewerbern.
Ziel	Sie möchten auf die Gefahren eines konformen Verhaltens aufmerksam machen.

Lemminge sind Vertreter einer bestimmten Wühlmausart, die Hamstern recht ähnlich ist. Bekannt geworden sind sie aber nicht wegen ihres drolligen Äußeren, sondern wegen einer etwas irritierenden Verhaltensweise. Einmal im Jahr gehen sie auf Wanderschaft. Ein Lemming folgt dem anderen, die Schar wird immer größer. Sie trotten hintereinander her. Dies wäre weiter nicht so schlimm, wenn sich der ganze Zug nicht in Richtung Meeresküste bewegen würde. Dort angekommen, machen sie nicht etwa halt, sondern sie stürzen sich, in einer Art kollektivem Selbstmord, über die Klippen. Nur wenige überleben dieses traurige Schauspiel und kehren in ihre Höhlen zurück, um dort für soviel Nachwuchs zu sorgen, daß im nächsten Jahr dieselbe Wahnsinnsaktion erneut durchgeführt werden kann.

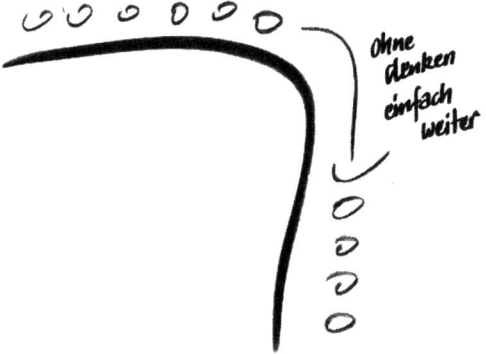

Lemminge auf dem Weg in den kollektiven Untergang

Die Lemminge sind ganz schön bescheuert. Da läuft einer dem anderen hinterher, schaut nicht links und nicht rechts, und weil das gemeinsame Marschieren so schön ist, stürzt man sich mit den anderen dann auch brav in den Abgrund.

*Zeichen der Überlegenheit ist die Entfernung von der Masse
in allem Denken und Handeln.*   *Dvagpo-Lharje*

Doch leider verhalten sich viele Unternehmen nicht anders. Brav folgen sie einander in Marktstrategie und Produktpolitik. Unternehmenskulturen und Unternehmensimages deuten nicht auf den Ehrgeiz hin, sich von den anderen unterscheiden zu wollen. Gut, das Ganze bietet ein gewisses Maß an Sicherheit: Was alle anderen machen, kann so falsch doch nicht sein. Aber die Sicherheit ist gefährlich, denn sie macht unaufmerksam. Und die Konformität macht träge. Change-Management und Innovationsmanagement werden als die natürlichen Feinde der gemütlichen Wanderschaft über die Märkte betrachtet.

Die Gefahren eines solchen unternehmerischen Verhaltens sind klar: Beim Marschieren in der Kolonne wird zuwenig nach links und nach rechts geschaut, Umweltsignale und Gefahrenpotentiale werden kaum oder gar nicht wahrgenommen. Und gegen den Sog von strukturellen Krisen können sich Unternehmen, die über kein Differenzierungspotential gegenüber den Mitbewerbern verfügen, weitaus weniger wehren, als Unternehmen, die schon immer einen individuellen Weg bevorzugt haben.

Machen Sie es also nicht wie die Lemminge, sondern gehen Sie mit Ihrem Unternehmen Ihren eigenen Weg, innovativ und umsichtig. Verfolgen Sie nicht die „Politik der kleinen Schritte", sondern setzen Sie sich vom Feld Ihrer Mitbewerber durch einen Sprung in eine neue Leistungsdimension ab.

19. Jeder hat seinen Platz

Problem	In Ihrem Unternehmen fehlt das Verständnis dafür, daß jeder eine bestimmte Funktion erfüllen muß, die zum Erfolg des Ganzen beiträgt.
Ziel	Es soll deutlich gemacht werden, wie sich die einzelnen Aufgaben im Unternehmen ergänzen.

Unternehmen müssen oft in einer rasanten Fahrt durch unübersichtliche oder schwergängige Märkte gesteuert werden. Dies gelingt nur, wenn sich verschiedene Funktionen zu einer leistungsstarken Einheit verbinden. Der Vergleich mit einer Kutsche liegt hier nahe: Das Top-Management gibt die Richtung vor, in der sich ein Unternehmen bewegen soll, es ist gewissermaßen der Kutscher, der mit visionärem Weitblick erkennt, welche Wege eingeschlagen werden müssen oder welches Terrain zu gefährlich ist, als daß es ohne allzu großes Risiko befahren werden könnte. Das Top-Management nimmt also Informationen über die Umwelt des Unternehmens auf, es ist jedoch auch jederzeit über den Zustand des Unternehmens informiert. Nur wenn es über ausreichend Daten verfügt, weiß es auch, welchen Boden, welchen Markt es ihm zutrauen kann.

Stehe an der Spitze um zu dienen, nicht um zu herrschen.

Bernhard von Clairvaux

Die Vorgaben der Unternehmensspitze werden durch das Management umgesetzt. Das Management besteht aus Machern, die das Unternehmen wie ein Pferdegespann vorwärtsziehen. Ganz vorne sind die „Pferde", die etwas bewegen können, die aber auch die Umwelt des Unternehmens konzentriert im Auge haben. Die Kutscher können nur die grobe Richtung vorgeben, die „Feinabstimmung" auf die jeweiligen Bodenverhältnisse muß durch die Pferde erfolgen. Die Pferde, die in der zweiten oder dritten Reihe des

Gespanns stehen, ziehen mit Power in der vorgegebenen Richtung mit. Den Kutschern stehen gegebenenfalls Treiber zur Seite, die darauf achten, daß die vorgegebene Richtung und Geschwindigkeit eingehalten werden. Ihnen entspricht ein Controlling, das präzise darauf achtet, daß das Management nicht „vom Wege abkommt".

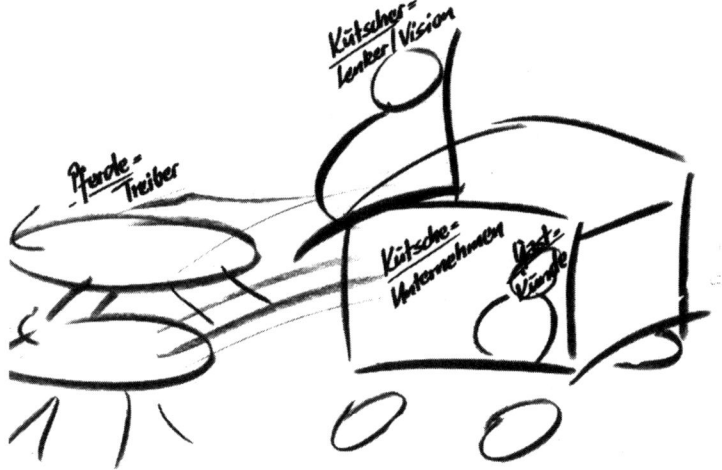

Bei einer Kutschfahrt hat jeder seinen Platz

Der Kutsche entspricht das Unternehmen, das mit vereinter Kraft vorwärts bewegt wird. So wie es unterschiedliche Kutschenmodelle gibt, gibt es auch die unterschiedlichsten Unternehmen: solche, die etwas schwerfälliger, aber dafür auch stabiler sind, oder solche, die leicht gebaut sind und mit High-speed durch die Märkte gejagt werden können, jedoch mit dem Risiko, relativ leicht aus der nächsten Kurve zu kippen. In der Kutsche sitzen schließlich die Kunden, die je nach Temperament und Zielen ein bestimmtes Modell wählen, entweder die bequem ausgestattete Kutsche, die reichlich Schutz bietet und langsam, aber sicher ihre Bahnen zieht, oder die hart gefederte sportliche Variante, die vorne an der Spitze davonprescht.

20. Lernende Unternehmen –
Das Handlungspotential erweitern

Problem	Ein Unternehmen nimmt zuwenig von seiner Umwelt wahr. Es verliert dadurch an Anpassungspotential.
Ziel	Die Bedeutung des Lernens für Unternehmen muß deutlich gemacht werden.

Wir können alles mögliche lernen: wie man Geige spielt, wie man Winterreifen montiert, wie man Chinesisch spricht. Wir können lernen, was es mit der Kunst der Fuge auf sich hat, was die klassische Logik von der nichtmonotonen Logik unterscheidet, und wir können lernen, welche Modelle strategischer Unternehmensführung es gibt. Ziemlich verschiedene Dinge, und doch haben sie alle eines gemeinsam: Sie dienen jeweils unserer Erfahrungsbildung. Ob wir bestimmte praktische Tätigkeiten oder kognitive „Vorgehensweisen" lernen, immer bedeutet dieses Lernen ein Plus an Erfahrung.

Es ist des Lernens kein Ende. *Robert Schumann*

Diese Erfahrung ist in den seltensten Fällen Selbstzweck. Ich gehe zweimal in der Woche in den Geigenunterricht, weil ich dann nach einer bestimmten Zeit „Die vier Jahreszeiten" spielen kann und nicht mehr nur die Tonleiter rauf und runter. Lernen, zusätzliche Erfahrung, bedeutet immer auch den Erwerb eines zusätzlichen Handlungspotentials. Nach einem erfolgreichen Lernprozeß verfüge ich über mehr Verhaltens- beziehungsweise Handlungsmöglichkeiten. Und ich verfüge über ein anderes, ein „höheres" Wahrnehmungspotential. Ich kann meine Umwelt differenzierter wahrnehmen. Ein ausgebildeter Konzertgeiger hört ein Musikstück weitaus differenzierter als ein „Laie", der sich ab und zu ein Geigenkonzert gönnt.

Lernprozesse führen immer auch dazu, daß sich unsere kognitiven Strukturen ändern. Diese wiederum dienen eben auch der Wahrnehmung entsprechender Umweltfaktoren. So wie ich beim Emporsteigen in einem Turm bei zunehmender Höhe immer mehr von meiner Umwelt sehe, erkenne ich auch nach vollendeten Lernprozessen mehr. Hierin liegt auch das Erfolgsgeheimnis lernender Unternehmen. Lernen bedeutet auch für Unternehmen den Erwerb eines höheren Wahrnehmungs- und Verhaltenspotentials und dementsprechend zusätzliche Verhaltens- und Handlungsmöglichkeiten. Lernende Unternehmen „sehen" mehr als andere, auch wenn sich beide in derselben Umwelt bewegen.

Um zu lernen müssen jedoch zwei Grundbedingungen erfüllt sein. Zum einen muß das Unternehmen über ein hervorragendes Sensorium verfügen, das Informationen aus der Umwelt, sprich dem Markt, aufnimmt. Zum anderen müssen die entsprechenden Informationen ausgewertet und in Handlungsanweisungen umgesetzt werden.

Lernen, das heißt die Aufnahme und Verarbeitung von Umwelteindrücken, findet seinen Ausdruck in schnellen und flexiblen Adaptationsprozessen. Ein Unternehmen, das permanent lernt, wie es um seine Umwelt, seine Märkte bestellt ist, kann auf entsprechende Änderungen auch angemessen reagieren, es kann sich veränderten Umweltbedingungen hervorragend anpassen.

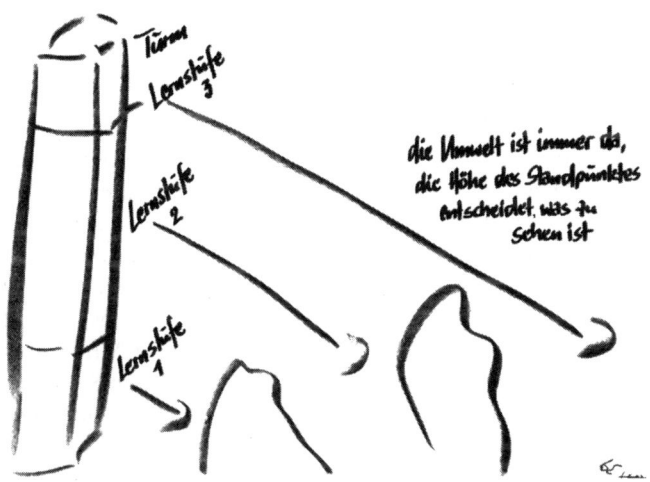

Lernen bedeutet das Erreichen eines höheren
Wahrnehmungs- und Handlungspotentials

21. Strategische Planung zwischen Polarität und Einheit

Problem	In Ihrem Unternehmen werden nur Extreme berücksichtigt, nicht aber Übergänge, die dazwischen liegen.
Ziel	Machen Sie klar, daß Extreme lediglich Pole eines differenzierten Spannungsfeldes sind. Weisen Sie auf die entsprechenden Handlungspotentiale hin.

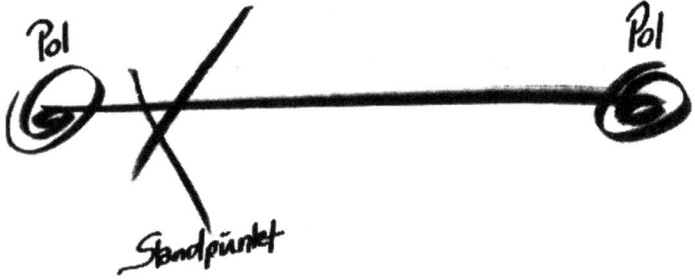

Polare Strukturen sind nur als Einheit denkbar

Als „Polos" bezeichneten die Griechen das „Himmelsgewölbe an den Erdpolen". Dieses Himmelsgewölbe ist nur als Einheit denkbar, es kann nicht auf einen Punkt reduziert werden. Ebenso sind sämtliche polaren Strukturen nur als Einheit vorstellbar. Das Plus bedingt immer auch das Minus und umgekehrt. Es würde keinen Sinn machen, von „kalt" zu sprechen, wenn es kein „warm" gäbe, ohne das „Licht" gäbe es auch keine „Dunkelheit". Die Endpunkte polarer Strukturen oder Zustände erzeugen einen Spannungsbogen. Versuchen Sie einmal, Ihr Unternehmen mit Hilfe solcher Spannungsbögen beziehungsweise Skalen zu charakterisieren. Ist Ihr Unternehmen eher schnell oder langsam, ist Ihre Führung autoritär oder demokratisch, verhalten Sie sich strikt zielorientiert, oder geben Sie regelmäßig dem Zufall eine Chance?

Unsere Bestimmung ist, die Gegensätze richtig zu erkennen, erstens nämlich als Gegensätze, dann aber als Pole einer Einheit. Hermann Hesse

Betrachten Sie dann die einzelnen Skalen als Handlungspotentiale, also als Menge möglicher Zustände, den jeweiligen Status Ihres Unternehmens somit als eine Möglichkeit unter vielen. Nehmen Sie sich dann eine bestimmte Skala vor, zum Beispiel die „Schnell-langsam-Polarität", betrachten Sie die Position Ihres Unternehmens, zum Beispiel „ziemlich langsam", als die Position eines Reglers, mit dem Sie dann spielen können. Bewegen Sie den Regler in Richtung „schnell": Was verändert sich dabei alles, welche Konsequenzen hat eine Steigerung der Geschwindigkeit, ab welchem Zuwachs an Geschwindigkeit ändert sich Ihr Unternehmen qualitativ? Ein Highspeed-Unternehmen können Sie nicht mit starren Strukturen und ewig langen Entscheidungswegen führen. Um ein gewisses Tempo zu erreichen, sind radikale Reorganisationsmaßnahmen angesagt. Überlegen Sie sich, welche Konsequenzen eine neue Einstellung des einen Reglers auf andere Regler haben wird. Ihren Führungsstil müßten Sie von „stark autoritär" in Richtung „basisdemokratisch" schieben, wenn Sie den Temporegler auf „schnell" stehen haben. Entscheidungsprozesse müssen „vor Ort" ablaufen, um zu schnellen Resultaten zu gelangen.

Auf diese Weise erfahren Sie Ihr Unternehmen als System voneinander abhängiger polarer Strukturen. Vielleicht eine Idee, um Überlegungen zu Ihrer strategischen Planung locker einzuleiten.

22. Teampotentiale nutzen

<table>
<tr><td>Problem</td><td>Sie leiten ein Projekt, dessen Mitglieder mit unterschiedlichem Tempo zur Sache gehen.</td></tr>
<tr><td>Ziel</td><td>Versuchen Sie, die verschiedenen Vorgehensweisen so zu verbinden, daß ein harmonischer Projektablauf gewährleistet ist.</td></tr>
</table>

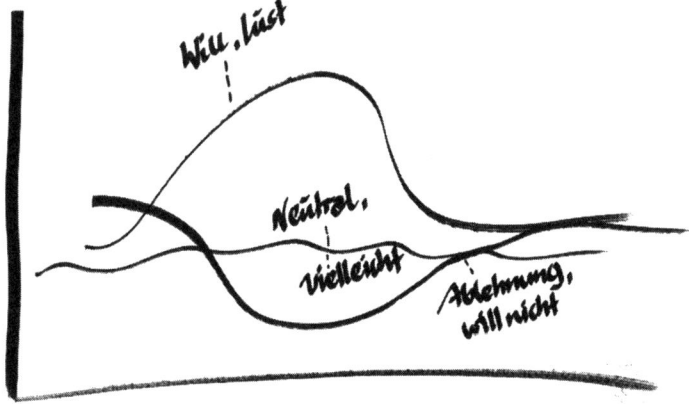

Die „Phasen" der Teammitglieder müssen in einen harmonischen Projektverlauf integriert werden

Gute Teams sind in der Regel aus Mitgliedern mit verschiedenen Kompetenzen und Charakteren zusammengesetzt. Sie sind heterogen. In einem Team, das für ein bestimmtes Produkt ein Marketingkonzept entwickeln muß, sitzt neben dem Marketingreferenten ein Kollege aus der Produktionsabteilung und eine Kollegin, die das Finanzmanagement im Auge behalten soll. Neben der temperamentvollen Managerin sitzt ein eher bedächtiger Kostenrechner und so weiter. Neben den sehr positivien Synergieeffekten führt diese Heterogenität auch zu einem Problem: Die einzelnen Teilnehmer gehen mit unterschiedlichem Tempo und unterschiedlicher Intensität zur Sache. Während die eine sofort erste Ideen umsetzen möchte, will der zweite zuerst einmal ein ausführliches Konzept erarbeiten, und der dritte besteht darauf, zuerst einmal einen eindeutigen Konsens hinsichtlich der Ziele herzustellen. Für einen Projektmanager kein leichter Job.

Das Wort „Team" steht oft für „Täglich einen anderen motivieren".

Ein Projektleiter darf jetzt nur nicht den Fehler machen, alle Teammitglieder in einen einheitlichen Rahmen zu zwängen. Er würde dadurch viel an Dynamik vergeuden. Er muß vielmehr versuchen, die einzelnen Mitglieder so einzusetzen, daß sich ihre einzelnen Vorgehensweisen und Arbeitsphasen zu einer harmonischen Schwingung verbinden. Diese Schwingung wird das Projekt in eine Dynamik versetzen, die dem Projektmanager sehr viel an Arbeit abnimmt, zum Beispiel im Bereich der Mitarbeitermotivation. Wenn jeder einzelne seinen Fähigkeiten und Bedürfnissen entsprechend eingesetzt wird, braucht es keinen „Animateur", der die Teammitglieder einzeln pushen muß.

Ein Teamleiter kann zum Beispiel für jede Phase des Projekts einem anderen Teammitglied Führungskompetenz übertragen. Wer welche Aufgaben wahrnimmt, welches Timing angesetzt wird und anderes mehr wird zu Beginn des Projekts demokratisch festgelegt. Der Projektleiter achtet lediglich darauf, daß jedes der Teammitglieder zu seinem Recht kommt und an der für ihn richtigen Stelle Verantwortung übernehmen kann.

23. Durch Ausdauer zur richtigen Lösung

Problem Bei der Suche nach einer Problemlösung gehen Ihnen
         die Ideen aus.

Ziel   Jetzt bloß nicht aufgeben!

Wie oft verwechselt man Einfälle mit Ideen.   *Friedrich Hebbel*

Wenn wir unserem Gehirn den „Auftrag" geben, eine Lösung zu
einem anstehenden Problem zu finden, eine zündende Idee zu haben,
macht es sich bereitwillig an die Arbeit. Gemäß der Paramteter, die
wir als Eckwerte „eingeben", wird eine Idee nach der anderen
generiert. Unser Wissen ist in netzartigen Strukturen organisiert.
Entlang dieser Strukturen läuft die Ideenfindung ab. Klar, daß hierbei
sehr viele „Lösungen" produziert werden, von deren Umsetzung wir
lieber die Finger lassen sollten. Grundsätzlich können zwei Suchalgo-
rithmen unterschieden werden, die natürlich in Kombination ablaufen: die Suche in die Breite und die Suche in die Tiefe. Bei der Suche
in die Breite wird der Suchraum zuerst einmal ganz grob abgesteckt:
Wie kann ich meine Abteilung optimieren? Verschiedene Lösungsvorschläge werden angeboten: Projektarbeit einführen, die Ebene der
Hauptgruppenleiter auflösen, alles auf den Kernprozeß ausrichten.
Eine Alternative wird favorisiert, und hier geht es dann in die Tiefe.
Welche Handlungsmöglichkeiten gibt es, wenn ich Gruppenarbeit
einführe? Verläuft die Suche in die Tiefe erfolglos, geht es wieder
zurück auf eine der höheren Ebenen, ein Vorgang, der in der
Informatik in bezug auf automatische Problemlösungsprozesse als
„backtracking" bezeichnet wird.

Wie immer die Suchprozesse auch verlaufen, eines ist deutlich: Die
Ideengenerierung verläuft in einer abfallenden Kurve. Während zu
Beginn des Suchprozesses die Zahl möglicher Alternativen sehr hoch

ist und der Optimismus des „Suchenden" ebenfalls, sinken sowohl Anzahl an möglichen Lösungen als auch Optimismus, der schließlich in Pessimismus umschlägt, wenn die Kurve so ziemlich im Keller ist. Doch genau da soll sie auch hin, denn diese bedeutet nichts anderes, als daß die Spreu vom Weizen getrennt wurde und Sie kurz vor dem Ziel einer praktikablen Lösung stehen. Leider geben viele genau an dieser Stelle auf.

Die Reduktion möglicher Alternativen wird als Frustrationserlebnis empfunden, der Mut, noch eine Lösung, die gewünschte Idee zu finden, ist weg. Nur der wird jetzt gewinnen, der über die nötige Zähigkeit verfügt. Ein scheinbares Paradoxon ergibt sich: Je weniger Ideen Sie haben, desto näher sind Sie am Ziel, eine Lösung zu finden.

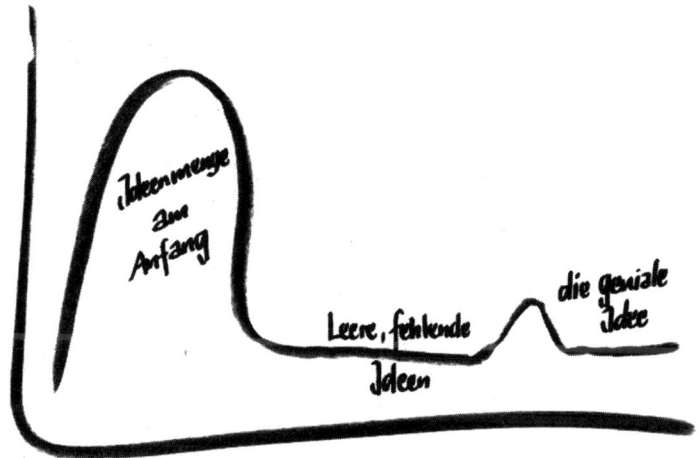

Je weniger Ideen Sie haben, desto näher sind Sie Ihrem Ziel

24. Unternehmenswachstum durch „Umweltbewußtsein"

Problem	Ihr Unternehmen wird lediglich mit der Perspektive nach „innen" optimiert.
Ziel	Diese Perspektive muß mit der Sicht nach außen, auf das Unternehmensumfeld, kombiniert werden.

Unternehmen dürfen nie isoliert von ihrem Umfeld betrachtet werden. Reorganisationsprozesse, die sich nur mit dem Unternehmen selbst befassen, sind wenig erfolgversprechend. Das Konzept des virtuellen Unternehmens hat uns gelehrt, Unternehmen nicht als isolierte, klar abgrenzbare Gebilde zu betrachten, sondern als Systeme, deren Grenzen nach „außen" fließend sind.

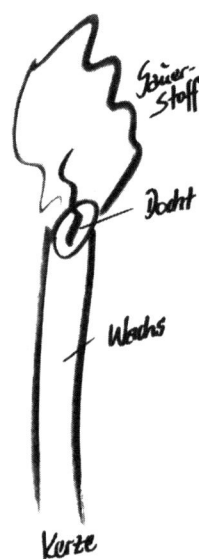

Nur das richtige Umfeld sorgt für ein optimales Brennen der Kerze

Unternehmen und Umfeld bilden ein umfassendes System, dessen Funktionieren von der Kompatibilität der beiden Teilsysteme abhängt. Es gibt leider genügend Unternehmen, deren Strukturen und Prozesse hervorragend optimiert sind und die über erstklassige Mitarbeiter verfügen. Dennoch kommen sie nicht so richtig voran. Oft liegt dies dann einfach daran, daß sie mit ihrem Umfeld kein harmonisches Ganzes bilden.

Nehmen Sie zum Beispiel eine Kerze. Sie kann nur optimal „funktionieren", das heißt abbrennen, wenn sie in einem angemessenen, sauerstoffreichen Umfeld steht. Die schönste Kerze aus dem besten Wachs mit einem wunderbar leicht brennbaren Docht brennt nur mit einer kleinen Flamme ab, wenn es am notwendigen Sauerstoff mangelt. Die Umweltbedingungen müssen also stimmen. Genauso muß sich das Unternehmen auch selbst in einem optimalen Zustand befinden: Wie bei einer Kerze Docht und Wachs aufeinander abgestimmt sein müssen, um ein optimales Funktionieren zu gewährleisten, müssen auch die Funktionseinheiten eines Unternehmens alle „ihren Job machen".

Bevor du ein Haus baust, such dir den Nachbarn aus. *Afghanisches Sprichwort*

Änderungsprozesse müssen immer auch das Umfeld von Unternehmen mit berücksichtigen. Standort, Zulieferunternehmen, Marktstruktur und vieles andere mehr müssen stimmen, damit ein Unternehmen optimale Ergebnisse erzielen kann. Sind die Gegebenheiten weniger gut, und ist ein Standortwechsel oder eine Einflußnahme auf die Umfeldfaktoren einfach nicht möglich, müssen im Unternehmen entsprechende Anpassungen vorgenommen werden. Nie darf ein Unternehmen aber ohne diese Umfeldperspektive optimiert werden.

25. Offenheit bewahren

Problem	Sie verschließen sich zu sehr gegenüber Ihrer Umwelt.
Ziel	Öffnen Sie sich gegenüber anderen Menschen und Ihrer Lebenssituation.

Die einzelnen Zellen unseres Körpers sind durchlässig für bestimmte Botenstoffe, wie zum Beispiel Hormone. Diese Offenheit ermöglicht eine intensive Kommunikation mit anderen Körperzellen, und sie erlaubt es auch, daß sich die Körperzellen zu einem Ganzen zusammenfügen.

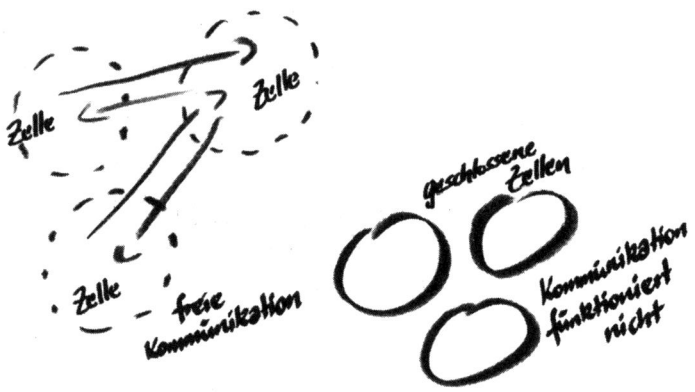

Von offenen Zellen zu harten Billardkugeln

Als Kinder gleichen wir diesen Zellen. Wir sind für unsere Umwelt offen. Wir nehmen sehr viel von unserer Umgebung auf und sind grundsätzlich kommunikativ veranlagt. Wir verfügen über ausgeprägte soziale Kompetenzen und ein hohes Integrationspotential. Doch das ändert sich mit der Zeit. Wir machen immer wieder schlechte

Erfahrungen, und zum Schutz nehmen wir sehr viel von unserer Offenheit zurück. Die „Zellmembran" beginnt sich zu schließen. Setzt sich diese Entwicklung fort, gleichen wir nicht mehr einzelnen Zellen eines Zellverbandes, sondern Billardkugeln mit einer harten undurchlässigen Oberfläche. Integration wird verdrängt durch Konfrontation. Kommunikation wird ersetzt durch Abprallen.

Das Gemeinschaftsleben ist ein Austausch wechselseitiger Dienste. Man sichert sein eigenes Glück, indem man an das der anderen denkt.
Anne Thérèse De Lambert

Wir selbst und auch unsere Unternehmen sollten sich jedoch nicht wie Billardkugeln, sondern wie Zellen verhalten. Unternehmen, die sich isolieren, keine Marktdaten aufnehmen, keine Kooperationen eingehen und nicht kommunizieren, landen irgendwann einmal, wie eine Billardkugel, in einer „Tasche". Anders sind „zellulare" Unternehmen. Ihre Offenheit und Kommunikationsfähigkeit garantiert ihnen ein flexibles Agieren im Markt. Sie sind es auch, die auf das Konzept der virtuellen Organisation setzen: Um den Zellkern gruppieren sich diverse Zellorgane, die von einer durchlässigen Membran umgeben sind und direkt mit anderen Zellen in Verbindung stehen. Wirklich lebendige Unternehmen können keinen Billlardkugeln gleichen. Und nur lebendige Unternehmen können wachsen.

26. Individuell zum Ziel

Problem	**M**it aller Gewalt soll eine hohe unternehmerische Hürde genommen werden.
Ziel	Zeigen Sie, daß es auch anders geht.

Schon manch ein Springreiter ist verzweifelt, weil sein Pferd zuerst auf eine Hürde brav zurennt, dann aber kurz davor abbremst, am Hindernis vorbeitrabt, um dahinter wieder Gas zu geben und den Parcours fortzusetzen. Ärgerlich für den Reiter. Verständlich aber für das Pferd. Warum sollte es die Anstrengung auf sich nehmen und den Sprung über die Hürde wagen, wo es doch sein Ziel auch auf eine viel angenehmere Weise erreichen kann?

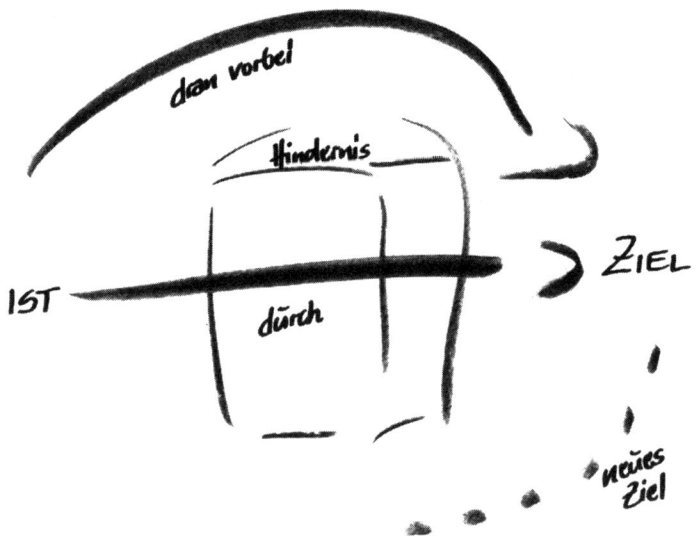

Es gibt immer mehrere Wege zum Ziel

Das Pferd weiß, es gibt immer mehrere Wege zum Ziel, und wenn es vom Reiter nicht zu einem bestimmten gezwungen wird, sucht es sich den angenehmsten (vielleicht hat es ja auch Spaß am Springen, und es würde ohnehin den direkten Weg über die Hürde wählen).

Wir alle eilen hinter Zielen her und wissen nicht,
wie sehr auch der Weg zum Ziel gehört.   *Karl Foerster*

Auch ein Problem können Sie auf verschiedene Weisen angehen. Sie können direkt darauf zuhalten und den vielleicht kürzesten Weg zum Ziel suchen. Dieser Weg ist aber oft auch der gefährlichere (Sprünge über Hürden enden oft dramatisch) und anstrengendere. Wenn Sie beziehungsweise Ihr Unternehmen leistungsstark und sportlich ambitioniert sind, ist dieser Weg genau der richtige für Sie. Denn auch der andere Weg ist mit einer Gefahr verbunden: Er kostet in der Regel mehr Zeit und führt deshalb früher oder später zur Disqualifikation. Unternehmen mit weniger Sprungkraft sollten aber genau diesen Weg gehen und die Probleme einfach weiträumig umgehen. Sie können dabei darauf hoffen, daß die wagemutigeren Konkurrenten bei ihren schnellen Aktionen aus dem Sattel kippen und der Sieg dann eben auch einmal den Langsameren gehört.

Probleme, die auf einem bestimmten Weg zum Ziel liegen, müssen auf einem anderen, vielleicht etwas längeren, nicht unbedingt vorhanden sein. Zum Beispiel Ihr Ziel, Marktführer zu werden, müssen Sie nicht unbedingt durch schnelle Unternehmensakquisitionen erreichen, Sie können es auch auf dem Weg der kontinuierlich besseren Leistung schaffen.

27. Ziele mit Entwicklungsfeedback erreichen

Problem	Von vereinbarten Projektzielen wird nach oben oder unten abgewichen.
Ziel	Das Projektmanagement muß geeignete Steuerungsmaßnahmen ergreifen.

Haben Sie mit einem Mitarbeiter vereinbart, daß am 16. Mai eine bestimmte Aufgabe erledigt sein muß, und sie ist genau dann auch zu Ihrer Zufriedenheit umgesetzt? Dann können Sie froh sein. Meistens gibt es jedoch im Zeitbudget Abweichungen nach oben oder nach unten.

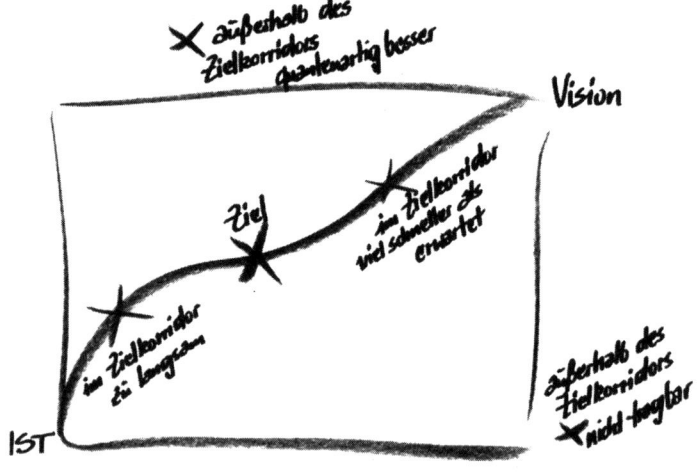

Auf Abweichungen muß mit geeigneten Maßnahmen reagiert werden

Hat Ihr Projektleiter sein Zeitbudget etwas überzogen, müssen Sie mit ihm zusammen die richtigen Zeitmanagement-Tools entwickeln, damit er das nächste Zeitziel trifft. Hier bewegt sich das Ergebnis noch in einem akzeptablen Zeitkorridor, und eine kleine korrigierende Maßnahme bewirkt in der Regel schon den gewünschten Effekt. Wurde das Zeitbudget jedoch so deutlich überzogen, daß das Projektziel gefährdet ist, liegt es an Ihnen, für diesen Projektleiter eine andere Aufgabe zu suchen. Das Zeitmanagement befindet sich hier außerhalb eines akzeptablen Zeitkorridors, es ist eher unwahrscheinlich, daß der verantwortliche Mitarbeiter den Rückstand wird aufholen können.

Das Management ist schließlich die schöpferischste aller Künste.
Es ist die Kunst, Talente richtig einzusetzen.   *Robert McNamara*

Natürlich kann es auch sein, daß Ihr Mitarbeiter schneller als geplant mit seinem Job fertig wird. Dann müssen Sie bestehende Projektziele neu definieren und für zukünftige Aufgaben einen engeren Zeitrahmen stecken. Wird das Zeitbudget bei weitem nicht ausgeschöpft, muß für diesen Mitarbeiter eine neue Aufgabe gesucht werden. Straffere Zeitvorgaben würden nur einer quantitativen Änderung entsprechen, ein Projektleiter, der jedoch mit deutlich weniger Zeit als geplant auskommt, braucht qualitativ neue Aufgaben. Die Definition von Projektzielen ist ein iterativer Prozeß, für dessen Durchführung Sie zu Projektbeginn etwas großzügigere Zielkorridore definieren sollten, und zwar mit abgestuften Zielbereichen: einem optimalen, einem guten und einem noch zufriedenstellenden. Wenn Sie aus dem optimalen rausfallen, können Sie durch ein entsprechendes Entwicklungsfeedback den Projektverlauf so steuern, daß Sie noch im guten Bereich liegen.

28. Keine Strategien von der Stange

Problem	Ihr Unternehmen betreibt ein strategisches Management von der Stange.
Ziel	Machen Sie auf das Erfordernis der Flexibilität aufmerksam.

Die Zeiten, als sich der Begriff Strategie ausschließlich auf die Kunst der Kriegsführung bezog, sind lange vorbei. Doch bei den Vordenkern der strategischen Kriegsführung, wie Friedrich II. von Preußen oder Clausewitz, ging es, wie im strategischen Management, darum, wie ein bestimmtes Ziel langfristig zu erreichen ist.

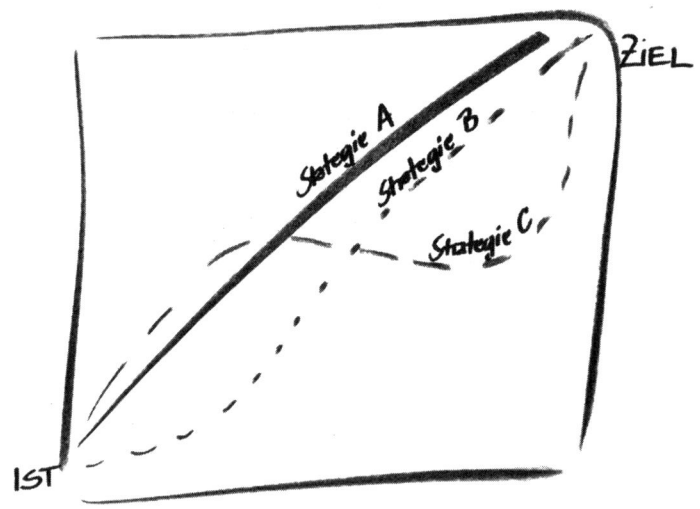

Auch zu Fuß kann man sein Ziel erreichen

Grundsätzlich steht beim strategischen Management die Frage im Mittelpunkt, wie sich ein Unternehmen in bezug auf seine Umwelt verhalten soll, also um die Frage, welchen Handlungsrahmen es sich stecken soll. Die Strategie ist eine Art Vehikel zur Zielerreichung, das sowohl die Stärken und Schwächen des Unternehmens als auch die Chancen und Risiken der Umwelt berücksichtigen muß. Ein innovatives Unternehmen, das off-road die hügeligen Landschaften neuer Märkte erkunden will, macht sich am besten mit einem Geländewagen auf den Weg. Geebnete Märkte mit klaren Sichtverhältnissen müssen im Porsche angegangen werden, hier zählt nicht mehr Geländegängigkeit, sondern Schnelligkeit.

Wer nach den Sternen reisen will, der sehe sich nicht nach Gesellschaft um.

Friedrich Hebbel

Ist man einmal mit einem bestimmten „Fahrzeug" unterwegs, ist damit das Anpassungspotential an das Gelände noch lange nicht ausgeschöpft. Die Geschwindigkeit eines Geländewagens paßt man den aktuellen Bodenverhältnissen genau an, Hindernisse sieht man schon in der Ferne angedeutet und kann im Sinne einer „strategischen Frühaufklärung" in Ruhe seine Strecke entsprechend planen. Die Auseinandersetzung mit der Umwelt, die Anpassung an diese, kommt einem Lernprozeß gleich. Es entwickelt sich somit ein interaktiver Prozeß aus Lernen und Planen. Einer Erforschung und Analyse der „Bodenverhältnisse" und der „Landschaft" folgt eine entsprechende Planung und Steuerung des Verhaltens.

29. Die Qual der Partnerwahl

Problem Ihr Unternehmen strebt Kooperationen an.

Ziel Orientieren Sie sich an den Grundsätzen „Gleich und gleich gesellt sich gern" und „Gegensätze ziehen sich an".

Nicht nur die einzelnen Bereiche eines Unternehmens müssen zusammenpassen, es muß auch ein Fit bestehen zwischen miteinander kooperierenden Unternehmen. Dieser Fit kann in den unterschiedlichsten Bereichen bestehen: in der Unternehmenskultur, in den Produkten oder auch in der Unternehmensstrategie.

Fit bedeutet hier Vereinbarkeit. Vereinbarkeit bedeutet aber keinesfalls immer Gleichheit nach dem Prinzip „Gleich und gleich gesellt sich gern", Vereinbarkeit kann genausogut Ergänzung bedeuten nach dem Grundsatz „Gegensätze ziehen sich an".

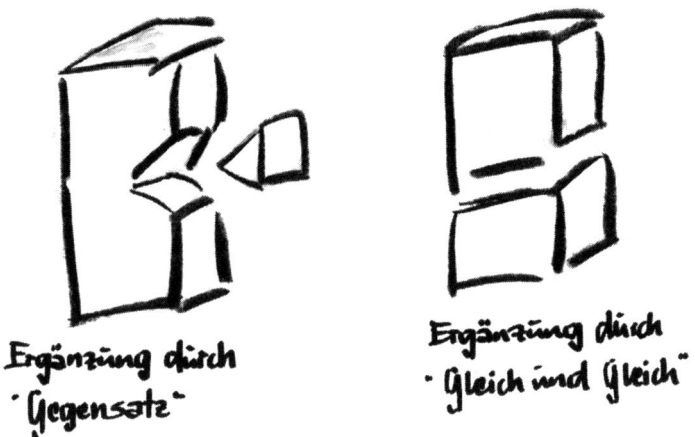

Ergänzung durch „Gegensatz"

Ergänzung durch „Gleich und Gleich"

Gleich und gleich oder Gegensätze?

Die meisten Partnerschaften, ob privat oder im Geschäftsbereich, basieren außerdem auf einer Kombination beider Grundsätze. Eine gemeinsame Basis, ein grundlegendes Identifikationspotential muß gegeben sein. Zwei Unternehmen möchten zum Beispiel deshalb miteinander kooperieren, weil sie sich gegenseitig als Unternehmen mit hoher Innovationskraft und einem entsprechenden Image schätzen. Sie wollen ein gemeinsames Produkt entwickeln, bei dessen Vermarktung sie sich dann ergänzen werden. Während das eine Unternehmen hervorragende Kontakte zum Mittelstand hat, zählt das andere Unternehmen vorwiegend Großunternehmen zu seinen Kunden. Jetzt können beide Zielgruppen mit dem gemeinsamen Produkt angegangen werden.

Kein Händeklatschen ertönt nur von einer Hand ohne die andere.   *Rumi*

Auch bei der strategischen Ausrichtung kooperierender Unternehmen sollte Vereinbarkeit herrschen, ein strategisches Fit bestehen. Ein Unternehmen, das in einem bestimmten Produktsegment beispielsweise die Qualitätsführerschaft anstrebt, kann sich zur Aufteilung des Marktes einen Partner suchen, der die Preisführerschaft als ein strategisches Ziel verfolgt. Mit einer entsprechenden Vertriebskooperation können beide zusammen den Markt systematisch aufrollen. Um unternehmensinterne Diversifikationsprozesse zu vermeiden, können entsprechende strategische Parnterschaften gebildet werden. Ein solches „Outsourcing" von Strategiepotentialen sollte natürlich äußerst vorsichtig gemanagt werden, um sich nicht die Möglichkeit der Entwicklung eigener zusätzlicher strategischer Geschäftsfelder abzugraben.

30. „Umsatzrendite" versus „innere Werte"

Problem	Ein Unternehmen konzentriert sich nur auf den Weg durch die Märkte.
Ziel	Genauso wichtig sollte aber auch die Konzentration auf die innere Entwicklung des Unternehmens sein.

Mandalas sind im Tantrismus Darstellungen der Götter, des Kosmos oder auch des menschlichen Lebens. Sie werden zuerst von innen nach außen angelegt und dann von außen nach innen vollendet. Diese Art der Darstellung soll den Lebensweg eines Menschen nachzeichnen. Auch dieser verläuft in zwei Richtungen.

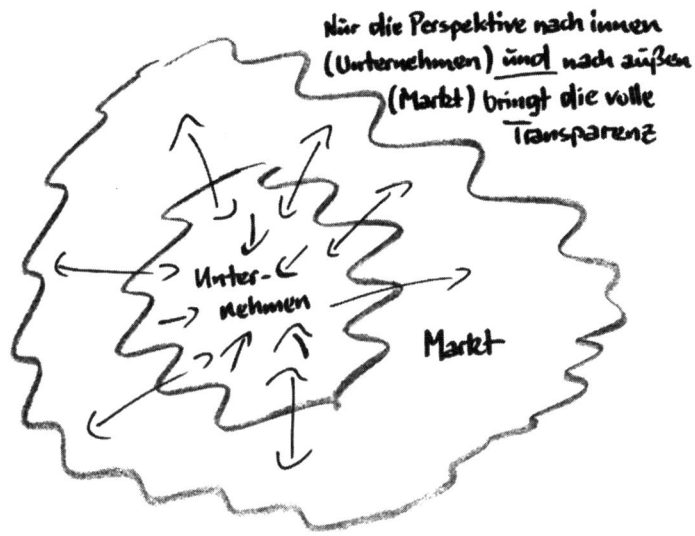

Mandalas werden von innen nach außen und wieder nach innen gemalt

Gefühl ist Basis der Intelligenz, Anfang und Ende. Alles Wissen geht vom Gefühl aus und in Gefühl wieder zurück.   Franz von Baader

Der Weg nach außen ist der Weg des jungen Menschen in die Welt, es ist der Weg des Tuns und der Empirie, der Weg des Kriegers und des Kaufmanns. Der Weg nach innen ist der Weg des reifen Menschen zu sich selbst, es ist der Weg des Nachdenkens, der Weg des Weisen und des Philosophen. Nicht nur im Tantrismus, sondern auch in der abendländischen Philosophie ist das Bild der zwei Wege fest verankert, bestes Beispiel hierfür ist der Roman Heinrich von Ofterdingen des Romantikers Novalis. Die Reise des Protagonisten hinaus in die äußere Welt ist verbunden mit der Reise in die innere Welt. Das Ziel der Reise in der äußeren Welt ist die innere Welt, wobei die innere Welt als die eigentliche Heimat des Menschen verstanden wird. Der Abschied, der zu Beginn der Reise in der äußeren Welt steht, ist somit der Beginn einer Heimkehr. Ein Kernsatz des Heinrich von Ofterdingen faßt diese Bewegung zusammen: „Wo gehen wir denn hin?"– „Immer nach Hause."

Kennzeichen lebendiger Unternehmen ist, daß sie ebenfalls die beiden Wege gehen, den Weg nach außen und den Weg nach innen, den Weg des Krieges und den Weg der Philosophie. Der Weg nach außen ist der Weg in den Markt, der Weg der Auseinandersetzung mit der Umwelt des Unternehmens, der Weg der Umsatzrenditen. Der andere Weg ist der Weg der inneren Entwicklung eines Unternehmens, der Unternehmenskultur, des Betriebsklimas, des sozialen Lebens eines Unternehmens.

Nicht die Umsatzrenditen sollten also das Ziel, die „Heimat" eines Unternehmens sein, sondern die Gesamtheit aller „inneren Werte". Deren Entwicklung ist aber unmittelbar mit dem Weg nach außen in die Welt verbunden.

31. Visionen umzusetzen braucht seine Zeit

Problem	Sie haben eine Vision entworfen, schrecken aber noch vor der Größe der Aufgabe zurück.
Ziel	Geben Sie sich genügend Zeit, um Ihr Ziel zu erreichen.

Überlegen Sie sich einmal ein Traumziel, das Sie beruflich erreichen wollen. Entweder, was Ihr Unternehmen oder Ihren Unternehmensbereich angeht oder was Ihre eigene Position, Ihre Karrierestufe anbelangt. Lassen Sie ruhig Ihrer Phantasie freien Lauf.

Man muß es so einrichten, daß einem das Ziel entgegenkommt.

Friedrich von Schiller

Sie dümpeln zum Beispiel jetzt mit Ihrem kleinen Unternehmen weit abgeschlagen auf den hinteren Rängen. Ihr Traumziel wäre es aber, Marktführer in einem bestimmten Produktbereich zu sein. Das Ziel ragt wie ein unerreichbarer Gipfel eines steilen Berges vor Ihnen auf. „Ein schönes Ziel, aber das schaffe ich nie", sagen Sie sich und wollen sich weiter mit dem, was Sie haben, abfinden. Bevor Sie das tun, nehmen Sie einfach ein Blatt Papier und einen Stift. Zeichnen Sie ein Koordinatensystem. Die Werte auf der y-Achse geben die „Höhe" Ihres Zieles an. Die Skala reicht von 1 bis 10. Ihr Ziel ist sehr ehrgeizig, es entspricht deshalb dem Wert 9. Die x-Achse steht für den Zeitverlauf. Sie befinden sich jetzt im Ursprung, markieren Sie also den Nullwert. Und dann markieren Sie, denn Sie sehen Ihr Traumziel ja direkt vor Ihren Augen, den Wert x = 1. Es ergibt sich somit eine Ursprungsgerade, die bei x = 1 schon den y-Wert 9 erreicht, ein wirklich steiler Anstieg. Doch behalten Sie jetzt immer noch Ihr Traumziel, y = 9, bei und fahren Sie lediglich die x-Werte, also den Zeitfaktor, hoch. Sie sehen, die Steigung flacht zusehends ab. Das, was zuvor einer nicht bezwingbaren Steilwand entsprach, wird jetzt zu einem gemütlichen Wanderweg, der jedoch zum gleichen Ziel, zum Gipfel Ihrer Vision führt. Das Geheimnis auf Ihrem Weg zum Erfolg ist also der Faktor Zeit. Die Realisierung von Vorhaben scheitert oft nicht einmal an der Größe der entsprechenden Vision, sondern einfach daran, daß für ihre Umsetzung zuwenig Zeit veranschlagt wird.

Nehmen Sie also Ihre Vision, Ihr Ziel, und wählen Sie zur Umsetzung einen Zeitfaktor, der eine Steigung ergibt, die Sie Ihren Kräften zumuten können. Es nützt Ihnen nichts, wenn Sie eine Steilwand angehen und nach den ersten paar Metern in den Abgrund stürzen. Lassen Sie sich auch vor „Bergführern", sprich: Unternehmensberatern, warnen, die Ihnen versprechen, Ihnen auf dem steilen Weg nach oben zu helfen. Die wenigsten sind in der Lage, mit Ihnen gemeinsam die entsprechenden Voraussetzungen zu schaffen. Hierzu gehören das richtige Equipment, die angemessenen Tools, hierzu gehören Kraft und Ausdauer und hierzu gehört eine hervorragende Streckenplanung, eine Strategie, die Sie nicht auf halbem Wege in der Wand hängen läßt.

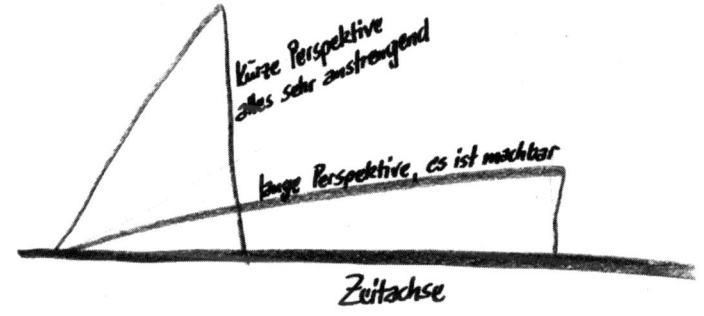

Den Steigungswinkel können Sie selbst bestimmen

32. Keine Angst vor Rückschlägen

Problem	Gewinne reihen sich an Verluste, und diese werden wieder von Verlusten gefolgt, so daß scheinbar keine Entwicklung gegeben ist.
Ziel	Ermitteln Sie den Mittelwert zwischen den einzelnen Höhen und Tiefen.

„Mit unserem Unternehmen geht es ständig auf und ab. Wir finden einfach nicht zu unserer Linie." So oder so ähnlich beklagen sich immer wieder Führungskräfte über die Entwicklung ihres Unternehmens, die angeblich gar keine Entwicklung sei. Das ständige Auf und Ab wäre der Ausdruck des chaotischen Zustands, in dem sich das Unternehmen befände.

Oszillieren, die Realität
der Bewegung

Oszillierende Entwicklung eines Unternehmens

Doch die Diskontinuität der Entwicklung ergibt, auf lange Sicht gesehen, eine harmonische Kontinuität. Die Auf- und Abwärtsbewegungen ergeben ein Oszillieren um eine imaginäre Linie, die in

Wirklichkeit die Entwicklung des Unternehmens repräsentiert. Liegen sowohl die Gipfel- als auch die Talpunkte im Verlauf der Zeit auf höheren Leveln, entwickelt sich auch das Unternehmen auf einer ansteigenden Linie, dem Trend. Und nur dieser ist entscheidend.

Herausragende Unternehmenserfolge sollten deshalb nicht für zuviel Euphorie sorgen. Aber genausowenig sollten Tiefschläge und Mißerfolge Anlaß für Verzweiflung sein. Ist die Entwicklungslinie insgesamt nach oben gerichtet, besteht kein Anlaß zur Sorge. Aber diese Tendenz sollte auch erkennbar sein. Es nützen die schönsten Erfolge nichts, wenn sie anschließende rasante Talfahrten nicht ausgleichen können.

Wer den Gipfel erklommen hat, muß sehen,
wie er wieder heil herunterkommt. *Hellmut Walters*

Die Gipfel der Wellenbewegung sind ohne die Täler nicht denkbar. Beide gehören zusammen. Unternehmen, die Herausragendes leisten, gewinnen die Kraft für derartige Erfolge oft erst durch Krisen, in denen sie ihre Kräfte konzentrieren und in denen sie neue Chancen wahrnehmen. Ein Pessimist wird in dieser Entwicklung immer nur die Täler sehen, ein Optimist wird allein die Gipfel im Auge haben. Doch ein Realist sieht die Linie, die sich aus der oszillierenden Bewegung ergibt. Und nur aus dieser realistischen Position heraus läßt sich auch ein Unternehmen realistisch führen.

33. Vielfalt aus Grundeinheiten ableiten

Problem	Die Komplexität Ihres Unternehmens scheint unübersichtlich.
Ziel	Vergegenwärtigen Sie sich, daß die meisten Dinge auf wenige elementare Grundeinheiten zurückzuführen sind.

Aus den drei Grundfarben Blau, Rot und Gelb können sämtliche Farbtöne gemischt werden. Es bedarf keiner weiteren Differenzierung, um das gesamte Farbspektrum darstellen zu können. Das gesamte Potential steckt in diesen drei Farben. Ein Maler ergänzt iterativ die Grundfarben zu einer reichen Farbenvielfalt. Genauso kann auch die funktionale Komplexität von Unternehmen aus relativ wenigen Grundeinheiten abgeleitet werden. Nehmen Sie zum Beispiel die Hierarchiestufen eines Unternehmens. Wozu um Himmels Willen braucht ein Unternehmen Hauptabteilungsleiter und Hauptgruppenleiter? Als Hierarchien zwischen den Hierarchien? Als „Mischfarben"?

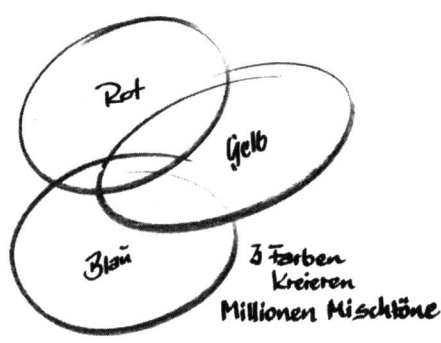

Drei Grundfarben ergeben das gesamte Farbspektrum

Die Funktionen dieser Ebenen können problemlos nach „oben" beziehungsweise nach „unten" verlagert werden.

Betrachten Sie doch nur die katholische Kirche, die weltweit zirka 860 Millionen Mitglieder mit relativ wenigen Hierarchieebenen „führt".

Die Menge ist groß, aber der Menschen sind wenige. *Diogenes*

Genauso verhält es sich mit den Kompetenzen eines Unternehmens. Allein aus den Faktoren Qualität, Preis und Zeit lassen sich zahlreiche Leistungsprofile ableiten. Qualität, die schnell geliefert wird, oder Qualität zu einem guten Preis. Günstige Produkte sofort, alle drei Komponenten zusammen oder jede für sich. Aus den jeweiligen Kombinationen lassen sich dann die entsprechenden Unternehmensstrategien ableiten.

34. Ist- und Sollzustand vergleichen

Problem	Sie möchten mehrere Faktoren zueinander in Beziehung setzen. Mit einem einfachen Koordinatensystem kommen Sie nicht weiter.
Ziel	Ziehen Sie ein „Spinnennetz" auf.

Mit Hilfe von Koordinatensystemen können Sie relativ einfach zwei Faktoren miteinander verbinden und so bildhaft darstellen, wo sich Ihr Unternehmen im Moment befindet. So können Sie zum Beispiel Qualität und Markteintrittsgeschwindigkeit zueinander in Beziehung setzen. Oder Sie können Ihre Produktivität und Ihre Gewinne miteinander verbinden.

Sie möchten in der Regel jedoch nicht nur zwei, sondern mehrere Werte zueinander und zu bestimmten Zielvorgaben in Beziehung setzen. Das schaffen Sie jedoch nicht mit einem einfachen Koordinatensystem. Ganz leicht geht dies jedoch mit einem „Spinnennetz".

Was Vorsatz bleibt, ist genauso wertlos,
als ob es nie gedacht worden wäre.   *Albert Jenny*

Sie legen durch einen Nullpunkt so viele Achsen, wie es abzubildende Faktoren gibt: je eine Achse für Produktivität, Gewinn, Qualität, Time to Market und so weiter. Auf jeder Achse markieren Sie Ihren aktuellen Stand mit einem Punkt. Dann verbinden Sie die einzelnen Punkte miteinander. So erhalten Sie Ihr unternehmensindividuelles Netz, den Unternehmensstatus. Tragen Sie dann in einer anderen Farbe die Sollwerte ein, die Sie ebenfalls miteinander verbinden. Auf einen Blick sehen Sie jetzt sowohl den Status sämtlicher Leistungsfaktoren und die entsprechenden Zielvorgaben. Ist Ihr „Statusnetz" insgesamt größer als das „Vorgabennetz", dann können Sie sich freuen. Sofort sehen Sie aber auch, in welchen Bereichen eventuell noch Handlungsbedarf besteht.

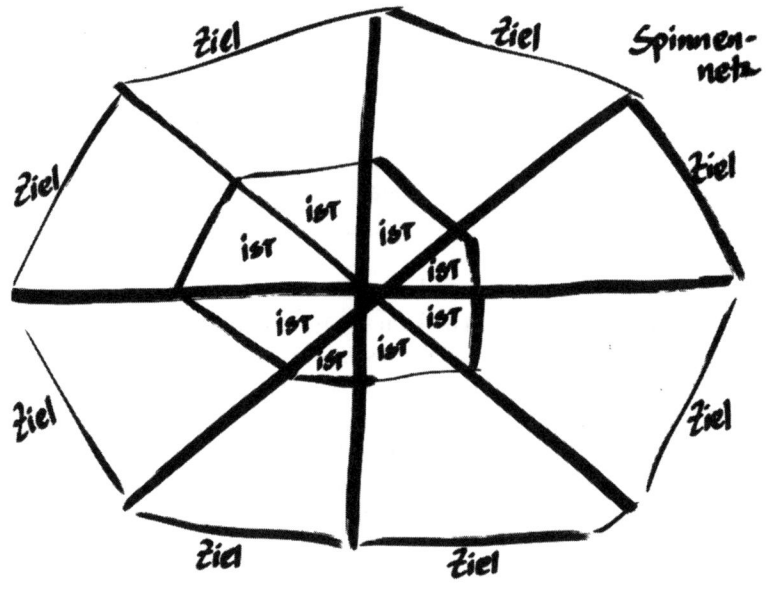

Das „Spinnennetz"

35. Weiter Fokus: Das Umfeld immer im Auge behalten

Problem	Sie fahren mit Ihrem Unternehmen einen stark fokussierten Kurs.
Ziel	Achten Sie darauf, daß Sie trotzdem auch die Unternehmensumwelt genau beobachten.

Mußten Sie Ihren letzten „Stadtbummel" auch in der Hauptgeschäftszeit machen? Sie haben sich dann bestimmt auch mit den Augen einen Weg durch die Menschenmassen gesucht, genau ausgerechnet, wo Sie durchschlüpfen könnten und sich dann auf diesen Weg mit aller Kraft konzentriert. Dieses Verfahren ermöglicht es einem tatsächlich, relativ schnell durch das dichteste Menschengewühl zu kommen. Aber es hat auch einen gravierenden Nachteil. Dadurch, daß Sie sich auf einen bestimmten Weg konzentrieren, verengt sich Ihr Blickwinkel, Ihr Wahrnehmungsfokus wird auf ein Mindestmaß reduziert. Sie würden jetzt sogar an Ihrer Mutter vorbeirennen. Auch einen Passanten, der sich außerhalb Ihres Wahrnehmungsfokus schnell auf Sie zubewegt, werden Sie erst in letzter Sekunde registrieren.

**Je mehr ich plane, desto härter
trifft mich die Wirklichkeit.** *Friedrich Dürrenmatt*

Versuchten Sie also, obwohl Sie sich auf einen bestimmten Bereich konzentrieren, trotzdem über einen weiten Wahrnehmungsfokus zu verfügen. Dasselbe gilt auch für Ihre Unternehmensführung. Wenn Sie einen eng fokussierten Kurs steuern und nur einen stark eingeschränkten Umweltausschnitt wahrnehmen, kann es durchaus sein, daß Sie unangenehme Überraschungen erleben werden. Konzentrieren Sie sich beispielsweise auf ein spezielles Marktsegment und sehen nur dieses, können Sie gar nicht bemerken, wenn angrenzende Marktsegmente abrutschen oder einem Änderungsprozeß unterworfen sind. Sie werden dann kalt erwischt, wenn der Vorgang auch Ihr

Unternehmen erreicht hat. Dann ist es natürlich extrem schwer, schnell auszuweichen.

Verfolgen Sie also Ihre Geschäftsstrategie, konzentrieren Sie sich auf Ihr Marktsegment, aber halten Sie dennoch die Augen offen, schauen Sie regelmäßig auch nach rechts und links.

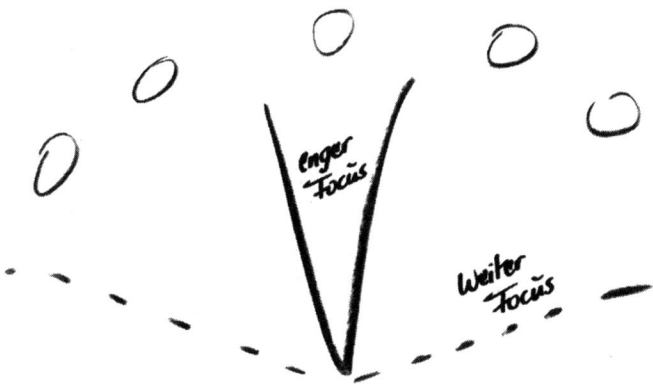

Achten Sie immer auf einen weiten Fokus

36. Neue Situationen erfordern neue Handlungsmuster

Problem	Sie stehen mit Ihrem Unternehmen plötzlich vor einer vollständig neuen Situation.
Ziel	Trennen Sie sich von Ihrem gewohnten Vorgehen.

Der Starke hat ein Ziel und tausend Wege. Der Schwache hat tausend Ziele und dazu einen Weg.
Salomon Baer-Oberdorf

Der Clown August ist ein artistisch hochbegabter Künstler – Hochseil, Jonglieren, Akrobatik: alles kein Problem. Vor allem kann er hervorragend mit seinem Ball umgehen, nicht etwa, daß er damit besonders gut Fußballspielen könnte, nein, er verwendet ihn als Fortbewegungsmittel. Schlafwandlerisch bewegt er sich auf dem Ball durch die Zirkusarena, vorwärts, rückwärts, schnell und langsam. Über die Jahre hat er sich völlig daran gewöhnt, der Balanceakt gelingt ihm automatisch. Doch er hat auch einen Kollegen, ein rechter Störenfried. Eines Abends, als August gerade wieder so richtig schön auf seinem Ball in Schwung ist, stellt der andere Clown ihm Klötze in die Bahn. Auf dem Ball gibt es jetzt kein Weiterkommen mehr. August muß sich entscheiden. Mit dem Ball zurück, auf der Stelle balancieren oder vom Ball runter und zu Fuß von einem Klotz zum anderen. Wie sich August schließlich entscheidet, hängt von seinem Temperament ab. Doch wenn er vorwärtskommen möchte, gibt es nur eins: das „Fortbewegungsmittel" wechseln, vom Ball auf die Füße „umsteigen", das Gewohnte zugunsten von etwas Neuem, das der Situation besser entspricht, aufgeben.

Was machen Sie, wenn Ihnen jemand „Klötze" in den Weg stellt, wenn Ihr Unternehmen vor neuen Herausforderungen steht? Wieder zurück, auf der Stelle treten, oder wagen Sie den Schritt nach vorne? Dann allerdings müssen Sie mit alten Gewohnheiten brechen. Werfen Sie Ihre alte Kostenrechung in die Mottenkiste und implementieren

Sie Prozeßcontrolling, ersetzen Sie starre hierarchische Strukturen durch flexible Projektarbeit – nur, machen Sie nicht weiter wie bisher, sonst fallen Sie schnell von den „Klötzen" herunter.

Vom Quadrat runter, und weiter geht's

37. Leistungspotentiale durch Variation und Kombination

Problem	Innovationskraft wird nur durch neue Verfahren und Strukturen erreicht.
Ziel	Schöpfen Sie das bestehende Innovationspotential erst einmal aus.

Aus nur wenigen Grundelementen lassen sich durch Kombination, also ohne daß etwas Neues hinzukommt, innovative Strukturen ableiten. Mit einer Tonleiter aus nur acht Tönen können unendlich viele Melodien komponiert werden.

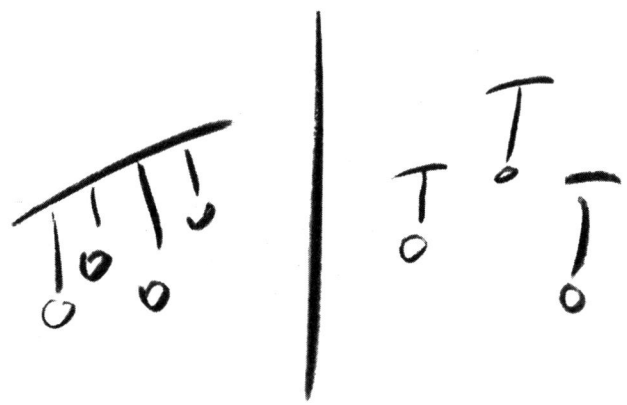

Lediglich durch Variation können völlig neue Muster geschaffen werden

Aus den gleichen Steinen kannst du ein Haus oder einen Palast bauen.

Unternehmen, die sich Innovationskraft auf ihre Fahnen geschrieben haben, müssen nicht permanent neue Verfahren oder Strategien installieren. Ein enormes Innovationspotential liegt oft schon in der vorhandenen Substanz, mit der aber kreativ umgegangen werden muß. Ein Verlag macht zum Beispiel Fachzeitschriften für Aquarienfreunde und Bücher für Heimwerker. Nichts liegt näher für den Verlag, als ebenfalls Bücher für Aquarienfreunde und Fachzeitschriften für Heimwerker zu machen. Oder nehmen Sie die Informationsprozesse in einem Unternehmen. Ein bestimmter Verlagsbereich hat intensiven Kontakt zu bestimmten Branchenverbänden. Leider weiß ein anderer Verlagsbereich, für den diese Kontakte wichtig sein könnten, nichts davon, es wird dort nicht einmal geahnt, welches Potential in der Ausrichtung des eigenen Bereichs auf die entsprechenden Verbände bringen könnte. Eine „Neukombination" von Kontakten und Verlagsbereichen würde für hervorragende Synergieeffekte sorgen.

Um dieses Kombinationspotential freizusetzen, ist eine intensive interne Kommunikation ungemein wichtig. Jeder Unternehmensbereich muß wissen, was die anderen machen, muß über die laufenden und über geplante Projekte sowie über die entsprechenden Kontakte und Schlüsselpersonen informiert sein.

38. Einheit in der Vielfalt

Problem	Das Gegeneinander ist stärker als das Miteinander.
Ziel	Es muß bewußt werden, daß sowohl Unterschiede als auch ein gemeinsamer Kern den Menschen bestimmen.

Betrachtet man Gewebezellen unter dem Mikroskop, fällt eines auf: Die Zellmembran, die äußere „Hülle", ist bei jeder Zelle unterschiedlich. Der Zellkern sieht jedoch bei allen gleich aus. Die eine Zelle ist langgestreckt, die andere gleicht eher einem Kreis, und eine dritte hat eine völlig unregelmäßige Form.

der Kern ist allen gemeinsam

Alle Zellen sind verschieden, alle haben sie einen gemeinsamen Kern

Von Natur aus sind die Menschen fast gleich; erst die Gewohnheiten entfernen sie voneinander.   Konfuzius

Man braucht kein Mikroskop, um zu sehen, daß auch wir Menschen uns in vielerlei Hinsicht unterscheiden. Geschlecht, Hautfarbe, Größe, Physiognomie und zahlreiche andere äußere Merkmale, aber natürlich auch die unterschiedlichsten Charaktereigenschaften machen jeden von uns zu einem einzigartigen Individuum. Dennoch verfügen wir, wie die Zellen, über einen Kern, der bei allen gleich ist. Wir Erwachsenen (vor allem der westlichen Welt) lernen, uns über die Unterschiede zu charakterisieren und zu „positionieren". Kennzeichen hierfür ist zum Beispiel die Antwort auf die Frage: Wer oder was sind Sie? Beschreiben Sie sich bitte einmal? Als Antwort folgen Daten über Beruf, Familienstand, Aussehen – lauter distinktive Merkmale, die ein charakteristisches, individuelles Bild zeichnen. Wir sind es gewohnt, uns als Individuen zu sehen. Kinder sind da anders. Sie sind Gemeinschaftswesen, sie nehmen die Gemeinsamkeiten, das Verbindende wahr. Sie lernen erst im Prozeß der Sozialisation die Unterschiede zu sehen und zu bewerten, Unterschiede auch hinsichtlich der sozialen Stellung, bis schließlich aus ihnen auch individuelle Erwachsene werden. Doch genau diese Betonung der Unterschiede, dieses voneinander Scheiden, bei gleichzeitiger Vernachlässigung des Gemeinsamen, der Gemeinschaft, läßt egoistische Gesellschaften entstehen. Es gibt nicht mehr das Wir, sondern nur noch das Ich.

Also – lernen wir auch wieder, das Gemeinsame wahrzunehmen.

3 Personal: Im Mittelpunkt der Mensch

39. Ganzheitliche Personalentwicklung: Mit Kopf, Herz und Händen

Problem	Personalentwicklungsmaßnahmen beschränken sich oft nur auf das Lehren von bestimmten Techniken.
Ziel	Sie möchten darauf hinweisen, daß entsprechende Schulungen ganzheitlich erfolgen müssen.

Im Mittelpunkt steht der Mensch. Klar, das haben wir alle gelernt. Intensiv schulen wir unsere Mitarbeiter, machen sie mit allen denkbaren Methoden und Techniken vertraut, und – jetzt steht ein hervorragend trainierter Mitarbeiter im Mittelpunkt, aber er richtet dort nichts aus. Die Unternehmensprozesse, die über die Fähigkeiten der Mitarbeiter hätten optimiert werden sollen, sind genauso uneffektiv wie vor der Schulung. Warum ist dies so? Ganz einfach. Meistens wird übersehen, daß der Mensch nicht allein durch seine Fähigkeiten bestimmt wird, sondern insgesamt durch drei Faktoren, die gemeinsam angesprochen und in Einklang gebracht werden müssen: Kopf, Herz und Hand.

Die drei Bereiche lassen sich auch folgendermaßen systematisieren:

Kopf	Denken	Wohin?	Visionen und Ziele
Herz	Fühlen	Warum?	Einstellungen und Werte
Hand	Tun	Wie?	Fähigkeiten, Methoden und Techniken

Genauso erfolglos sind natürlich auch Trainingsmaßnahmen, die nur auf den Gefühlsbereich, nur auf Einstellungen und Werte abzielen. Meistens geschieht dies mit Hilfe von Motivationsseminaren, nach deren Absolvieren die Mitarbeiter hochmotiviert (Herz), doch ohne

Ziele (Kopf) und ohne angemessene Methoden (Hand) weiterwursteln.

Entwickeln Sie also klare Visionen, vermitteln Sie dann Ihren Mitarbeitern den Sinn dieser Ziele. Nur so können Sie für die notwendige Identifikation sorgen. Fördern Sie schließlich die Kompetenzen Ihrer Mitarbeiter.

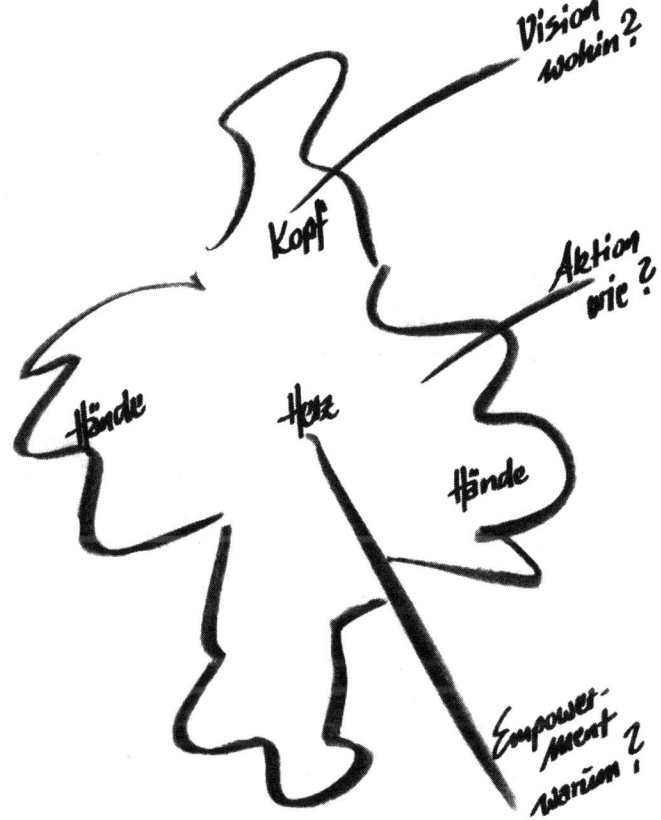

Personalentwicklungsmaßnahmen müssen sowohl den Verstand, die Gefühle als auch die Fähigkeiten ansprechen

Denken Sie dabei immer daran, daß Denken und Fühlen, der Kopf und das Herz, zwei verschiedene Wege sind, unsere Welt und somit auch unsere Bedeutung im Unternehmen zu verstehen. Aktuelle psychologische und neurologische Modelle weisen mit Nachdruck auf den funktionalen Zusammenhang von Denken und Fühlen hin als Funktionen zweier physiologisch differenzierter Gehirnbereiche, zwischen denen ein intensiver Informationsfluß besteht. Und nur wenn beide Bereiche im Einklang stehen, sind wir zu Höchstleistungen fähig. Nur dann befinden wir uns in der Harmonie, die uns erfolgreich handeln läßt.

Sie können sich doch sicher selbst leicht an eine Situation erinnern, in der Sie etwas verstandesmäßig vollständig akzeptiert haben („das ist vollkommen logisch"), doch Ihr Gefühl widersprach dem heftig. Sie konnten sich dann bestimmt nicht mit Ihrer ganzen Kraft an die entsprechende Aufgabe machen.

Während man dem Geist immer mehr Nahrung gibt und die Köpfe erhellt, läßt man nicht selten das Herz erkalten. *Gottfried Keller*

Die Beachtung von Kopf, Herz und Hand ist nicht nur wichtig für die Optimierung von Unternehmensprozessen und die entsprechenden Personalentwicklungsmaßnahmen, sondern ebenso für Ihr Führungsverhalten. Stellen Sie sich beispielsweise vor, einer Ihrer Mitarbeiter liefert seine Projektberichte immer heillos verspätet ab. Berücksichtigen Sie bei der Suche nach dem Grund wieder die drei Bereiche Kopf, Herz und Hand. Liegt es am Kopf? Sind die Projektziele nicht genügend transparent? Oder ist es das Herz, das sich querstellt? Fehlt es somit an der richtigen Einstellung? Oder macht die Hand nicht mit? Dann fehlt es Ihrem Mitarbeiter zum Beispiel an den richtigen Zeitmanagement-Tools.

40. Motivationsmanagement: Die 2-6-2-Regel

Problem	Eine bestimmte Personengruppe soll für die Durchführung einer Idee gewonnen werden.
Ziel	Es muß herausgefunden werden, bei wem es sich lohnt, Überzeugungsarbeit zu leisten.

Verfahrensinnovationen, Reorganisationsmaßnahmen und andere Änderungsprozesse bedürfen für eine erfolgreiche Umsetzung nicht nur ausgefeilter Konzepte. Der Erfolg entsprechender Maßnahmen ist zu einem großen Teil auch davon abhängig, daß die Mitarbeiter mitziehen. Eine wichtige Aufgabe eines Change-Managers besteht also darin, die betroffenen Menschen zu motivieren, von der Notwendigkeit einer Änderung und der Richtigkeit der getroffenen Maßnahmen zu überzeugen.

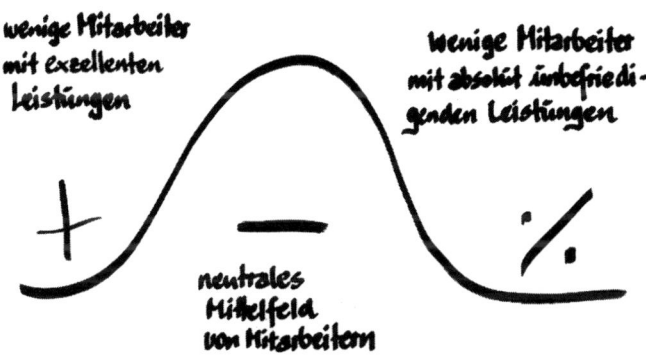

Überzeugungsarbeit muß im Mittelfeld ansetzen

Manager und Unternehmensberater machen hierbei immer wieder die Erfahrung, daß sich Führungskräfte und Mitarbeiter immer nach der 2-6-2-Regel verhalten: Wenn zehn Personen für eine bestimmte Sache gewonnen werden sollen, sind immer zwei dafür, zwei sind dagegen und sechs sind grundsätzlich einmal für alles offen.

Wer nicht zweifelt, wird nicht überzeugt.   *Friedrich Hölderlin*

Die zwei, bei denen Sie offene Türen einrennen, kommen eigentlich auch ganz gut ohne Sie klar. Und Sie kommen ohne die beiden, die grundsätzlich und sofort gegen Ihre Ideen sind, klar. Ihr Job als Change-Promotor ist es, das indifferente Mittelfeld für Ihre Sache zu gewinnen. Wenn Sie Ihre Sache zur Sache dieser Personengruppe machen, haben Sie gewonnen.

Besonders für externe Berater ist es schwierig, sofort zu erkennen, wer welchem Feld zuzuordnen ist. Nicht immer werden Meinungen sofort offen und konkret ausgesprochen. Werden Sie als externer Berater für ein Change-Projekt engagiert, sollten Sie sich auf jeden Fall zuerst nach der Stimmungslage im Unternehmen hinsichtlich des anstehenden Projektes erkundigen. Mit Ihrer Überzeugungsarbeit können Sie dann bei den richtigen Personen ansetzen.

41. Erfolgsfaktor Begeisterung

Problem	Organisationsentwicklungsmaßnahmen setzen oft nur an Unternehmensstrukturen und -prozessen an und greifen deshalb meistens zu kurz.
Ziel	Es soll deutlich gemacht werden, daß Änderungsprozesse bei der Begeisterung der Mitarbeiter ansetzen müssen.

Unternehmen werden immer wieder mit Pflanzen verglichen, mit lebendigen Systemen. Sie sind den Gesetzen der Evolution unterworfen, sie wachsen, lassen Früchte reifen, sie verändern sich. Doch um all die Veränderungsprozesse zu ermöglichen, benötigen Pflanzen auch den Halt durch ihre Wurzeln. Und die Wurzeln versorgen die Pflanze auch mit Nährstoffen, durch die die Pflanze wächst und gedeiht. Das Wachstum von Pflanzen erfolgt jedoch immer in eine bestimmte Richtung: der Sonne entgegen. Nur mit Hilfe des Sonnenlichts können die komplexen Stoffwechselprozesse der Pflanzen ablaufen.

Ohne Begeisterung schlafen die besten Kräfte unseres Gemütes.
Es ist ein Zunder in uns, der Funken will.   *Johann Gottfried Herder*

Die Wurzel, die Unternehmen auch in stürmischen Zeiten Halt gibt und mit Saft und Kraft versorgt, ist die Begeisterung der Mitarbeiter. Wenn die Mitarbeiter mit dem Herzen bei der Sache sind, können Unternehmen auch auf harten, kargen „Böden" gedeihen. Unternehmen, deren Wachstum in schwierigen Märkten stagniert, versuchen meistens durch strukturelle Änderungen zu genesen: Zweige werden gestutzt oder – bei radikalen Änderungen – ganze Äste abgesägt. Doch Befürworter solch radikaler Änderungsprozesse sollten sich auf die ursprüngliche Bedeutung des Wortes „radikal" besinnen: „radikal" bedeutet soviel wie „bei der Wurzel ansetzend". Also: Setzen Sie bei

Änderungsprozessen bei der Wurzel des Unternehmens an, bei der Beigeisterung Ihrer Mitarbeiter! Betreiben Sie ein aktives Motivationsmanagement, denn ein schön geschnittener Baum ohne feste Wurzeln kippt beim ersten kräftigen Windstoß um.

Die Sonne, der die Pflanzen entgegenwachsen, findet in Unternehmen ihre Entsprechung in der Unternehmensstrategie: Die Strategie sorgt dafür, daß das Wachstum des Unternehmens eine bestimmte Richtung erhält und kein Wildwuchs stattfindet.

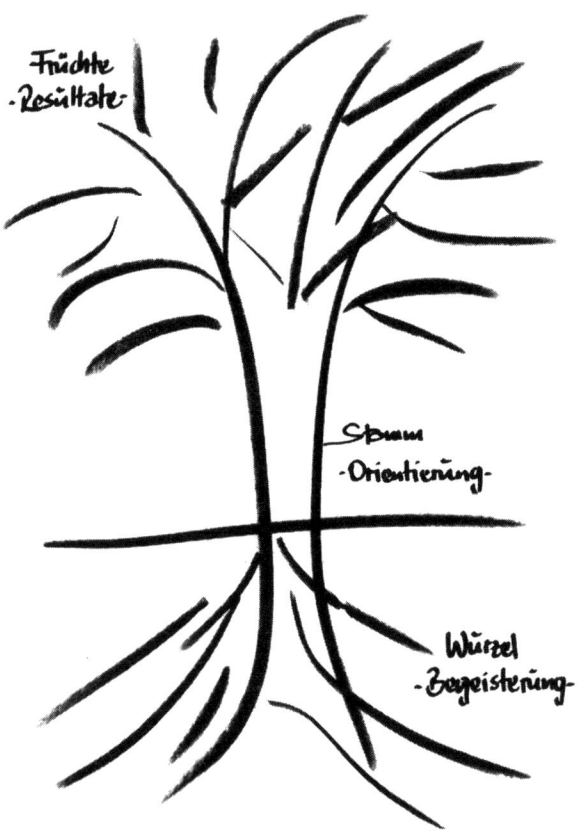

Die Kraft der Wurzeln und die Richtung, die durch das Sonnenlicht vorgegeben wird, verhelfen Pflanzen zu einem gesunden Wachstum

42. Personalmanagement: „Faule Äpfel" isolieren

Problem	Ein unzufriedener Mitarbeiter demotiviert bewußt seine Kollegen.
Ziel	Der Mitarbeiter muß isoliert werden.

Äpfel werden nach der Ernte in Kisten verpackt, aber schon ein einziger fauler Apfel in einer Kiste kann dafür sorgen, daß die anderen Früchte „angesteckt" werden. Ein einziger Mitarbeiter, der sich nicht mit den Unternehmenszielen identifiziert, kann dafür Sorgen, daß allgemeine Unzufriedenheit um sich greift.

Faule Äpfel kann man einfach isoliert hängen lassen

Um zu verhindern, daß ein fauler Apfel die anderen Äpfel ansteckt, wird er einfach gepflückt und aussortiert. Man kann ihn aber auch genausogut am Baum hängen lassen. Sind die anderen gesunden Äpfel erst einmal gut versorgt in ihrer Kiste, hängt der faule Apfel isoliert am Baum und kann keinen Schaden mehr anrichten. Hier kann er dann solange bleiben, bis er von alleine abfällt.

Unternehmen, die vermeiden möchten, daß ihnen nachgesagt wird, sie würden Mitarbeiter, die nicht ganz in ihrem Sinne „funktionieren", einfach rauswerfen, sollten es genauso machen. Haben Sie in Ihren Reihen eine Führungskraft, die nicht so mitzieht, wie es eigentlich nötig wäre, müssen Sie lediglich dafür sorgen, daß sie isoliert wird und somit keinen Schaden anrichten kann. Ein typisches Beispiel hierfür ist der „Vice President for New Products" in Brüssel, der bestimmte Jobs zu erledigen hat, ohne daß er direkt in das Stammhaus eingebunden ist. Die funktionale Abgrenzung sorgt noch mehr als die räumliche Distanz dafür, daß dieser Manager von anderen Führungskräften in der Regel nicht als Meinungsführer akzeptiert wird.

Wer das Pulver nicht wert ist, wird auch nicht abgeschossen.

Sie müssen natürlich nicht unbedingt jemanden nach Brüssel verbannen, um ihn zu isolieren. Es reicht durchaus, entsprechende Mitarbeiter auf funktionale Inseln zu setzen. Richten Sie, wenn es sein muß, sogar eine neue Stelle ein. Diese Position sollte natürlich nicht gerade strategische Bedeutung haben, darf aber auch nicht ganz ohne sein, sondern sollte eine Herausforderung für die entsprechende Führungskraft darstellen. Vielleicht erreichen Sie auf diesem Weg ja auch, daß diese Führungskraft zum Wohl Ihres Unternehmens arbeitet. Wenn nicht, machen Sie sich keine Sorgen, sie wird früher oder später schon von alleine „abfallen".

43. Die Kraft konstruktiver Kritik

Problem	In Ihrem Unternehmen werden bei „Manöverkritiken" Mitarbeiter persönlich angegriffen.
Ziel	Es soll ein Bewußtsein dafür geschaffen werden, daß sich Kritik immer nur gegen die Aufgabe richten darf.

Möchten Sie einen Mitarbeiter demotivieren? Ganz leicht! Kritisieren Sie ihn einfach persönlich: „Sie sind ein schlechter Organisator!" Sie können sicher sein, daß ein dermaßen angegriffener Mitarbeiter nie mehr in Ihrem Unternehmen organisatorische Aufgaben übernehmen wird. „Ihnen mangelt es an der nötigen Intelligenz, Sie konnten den Job nicht richtig erledigen!" Ein Mitarbeiter, der sich sowas sagen lassen muß, wird Ihnen ziemlich sicher überhaupt nicht mehr zur Verfügung stehen, zumindest wird er den Weg in die innere Kündigung gehen: Ein einfacher Schutz − indem er sich nicht mehr mit dem Unternehmen und seinen Aufgaben identifiziert, nimmt er auch persönlichen Angriffen ihre Härte: „Das geht mich ja eigentlich alles nichts mehr an."

Natürlich müssen Sie auch kritisieren dürfen. Kritisieren Sie aber niemals einen Menschen, sondern immer nur die Art und Weise, wie eine Aufgabe erledigt wurde. „Bei unserem Qualitätssicherungsprojekt haben Sie den Zeitplan nicht eingehalten. Ich weiß, daß Sie es hätten schaffen können, sonst hätten Sie den Job nicht erhalten. Zeigen Sie also das nächste Mal, was in Ihnen steckt." Signalisieren Sie bei Ihrer Kritik an der Sache, daß Sie das Leistungspotential Ihres Mitarbeiters grundsätzlich hoch einschätzen. Suchen Sie mit ihm gemeinsam nach Gründen, die mit dazu beigetragen haben, daß eine bestimmte Aufgabe in die Hosen ging. Positives Feedback und konstruktive Kritik sind die besten Voraussetzungen, um für einen Motivationsschub zu sorgen.

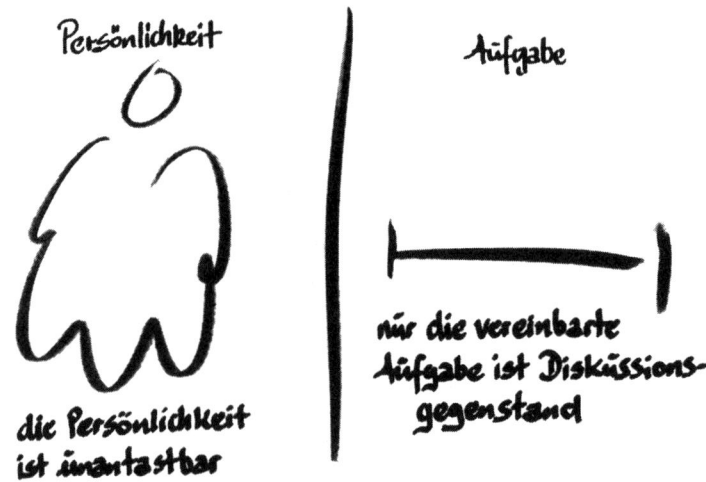

Persönlichkeit

Aufgabe

die Persönlichkeit ist unantastbar

nur die vereinbarte Aufgabe ist Diskussionsgegenstand

Trennen Sie bei Kritik immer zwischen Person und Aufgabe

Nicht zuviel tadeln, sondern ermutigen. *Charles Kingsley*

Sozialpsychologische Untersuchungen haben gezeigt, daß wir die Mißerfolge eines anderen in der Regel auf innere Ursachen zurückführen. Unsere eigenen Mißerfolge erklären wir hingegen meist durch äußere Ursachen. Wenn Ihnen und einem Kollegen ein bestimmter Job danebengeht, ist die Sache für Sie klar. Sie hatten eben mit feindlich gesonnenen Mitarbeitern, schlechtem Equipment und nötigenfalls mit einem ungünstigen Horoskop zu kämpfen, während ihr Kollege eben ganz einfach ein mieser Manager ist.

Ganz anders bei Erfolgen. Sie und Ihr Kollege ziehen jeder sein Projekt optimal durch. Wieder ist die Sache für Sie klar, nur sind es jetzt bei Ihnen innere und bei Ihrem Kollegen äußere Faktoren, die den Erfolg ermöglicht haben. Bei Ihnen waren Ihre Cleverneß und Ihr Durchsetzungsvermögen ausschlaggebend, den Erfolg Ihres Kollegen führen Sie auf eine Verkettung glücklicher Umstände zurück.

Achten Sie deshalb gerade beim Kritisieren darauf, daß Sie nicht in diese Wahrnehmungsfalle treten. Suchen Sie bewußt bei Mißerfolgen eines Mitarbeiters auch nach den äußeren Faktoren, die für sein Scheitern verantwortlich sind.

44. Die Absicht zählt

Problem	Ein Mitarbeiter hat eine Aufgabe nach allen Regeln der Kunst in den Sand gesetzt.
Ziel	Er soll so kritisiert werden, daß er auch weiterhin für neue Aufgaben motiviert ist.

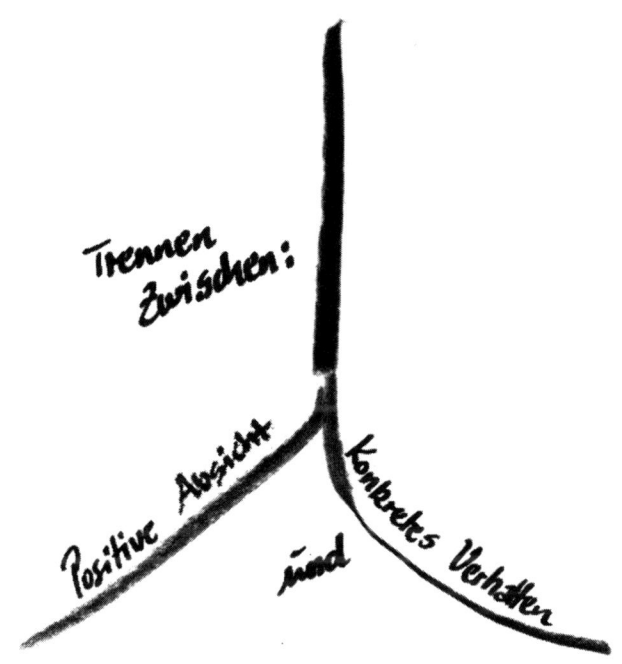

Trennen zwischen:

Positive Absicht und konkretes Verhalten

Unterscheiden Sie immer zwischen Absicht und Verhalten

Ehe man tadelt, sollte man immer erst versuchen,
ob man nicht entschuldigen kann.　　　　　*Georg Christoph Lichtenberg*

Der kleine Max freut sich. Heute darf er mit seinem Vater das neue Auto auf Vordermann bringen. Der Vater pflegt den Lack. Mit einem feinen Tuch trägt er fast zärtlich etwas „Super Polish" auf. Der Sohnemann darf mit einer Drahtbürste die Radkappen, die von der ersten Probefahrt recht schmutzig sind, vom Dreck befreien. Beiden macht die Arbeit mächtig Spaß, bis der Vater ins Haus gerufen wird, um ein längeres Telefonat zu führen. Der Filius ist bald mit den Radkappen fertig, und weil er ein braver Sohn ist, will er den Job seines Vater auch übernehmen und macht sich mit der Drahtbürste über die Metalliclackierung her. Stolz lächelt er seinem Vater entgegen, als dieser wieder aus dem Haus kommt. Dem gefriert allerdings das Lächeln ein wenig, als er das Ergebnis des Fleißes seines Sohnes sieht: Ein völlig zerkratzter Lack. Jetzt hat der Vater zwei Möglichkeiten zu reagieren. Entweder schreit er seinen Sprößling an, denn der Lack ist wirklich völlig hinüber, oder er trennt als liebevoller Vater und kluger Pädagoge das Verhalten von der eigentlichen Absicht. Und daß die Absicht die allerbeste war, das weiß er wohl. Außerdem, einmal davon abgesehen, welches die „gerechtere" Reaktion wäre, ist wohl klar, daß ein Wutausbruch den Motivationspegel des Sohnemanns für zukünftige Autopflegeaktionen deutlich nach unten drücken würde.

Unterstellen Sie deshalb immer auch Ihren Mitarbeitern nur die besten Absichten, auch wenn das tatsächliche Verhalten auf alles andere hinweist. Fragen Sie, warum jemand etwas so gemacht hat, wie er es gemacht hat, was er sich dabei gedacht hat, erkundigen Sie sich nach den entsprechenden Absichten. Erst wenn sich die Absichten als kontraproduktiv erweisen, sollten Sie entsprechende „erzieherische Maßnahmen" ergreifen.

45. Offenheit für Kritik

Problem	In Ihren Reihen haben Sie einen Mitarbeiter, der regelmäßig querschießt.
Ziel	Prüfen Sie, ob nicht etwas Wahres an seinen Vorwürfen ist.

Haben Sie unter Ihren Mitarbeitern jemanden, der immer querschießt, der sich so richtig wohl in der Rolle des Ketzers fühlt? Dann teilen Sie diese Erfahrung mit den meisten Führungskräften. Durch sein Verhalten stellt sich ein Ketzer an den Rand eines bestimmten Systems. Er steht niemals im Zentrum.

Auch Galileo Galilei stellte sich außerhalb der katholischen Kirche, als er mit seinen Planetenbeobachtungen Anfang des 17. Jahrhunderts zum Wegbereiter des heliozentrischen Weltbildes wurde. Er wurde vor die Inquisition gebracht und verurteilt, er wurde dazu gezwungen, seinen „Irrtum" zu widerrufen und wurde schließlich zu unbefristetem Hausarrest verurteilt. Sein kämpferischer Ausspruch „Und sie bewegt sich doch" gehört außerdem ins Reich der Legenden.

Wer seine Ohren für die Wahrheit verschlossen hat, so daß er auch vom Freunde das Wahre nicht hören mag, an dessen Rettung muß man die Hoffnung aufgeben.

Cicero

Wenn Sie in Ihrem Unternehmen auch einen „Ketzer" haben, sollten Sie sich zumindest einmal gründlich mit ihm auseinandersetzen, vielleicht ist ja etwas Wahres dran an dem, was er sagt. „Ketzer" sind oft diejenigen, die einfach sagen, was andere nur denken. Sie sollten sie also auch als eine Art Indikator für die Stimmung in Ihrem Unternehmen verstehen. Natürlich gibt es auch solche Zeitgenossen, die um des Stänkerns willen stänkern oder die aus reiner Profilierungssucht keiner Konfrontation mit dem Chef aus dem Weg gehen.

Aber wenn Sie genau hinsehen, werden Sie sehr schnell feststellen, wer eher ein Seismograph ist, der allgemeine „Erschütterungen" anzeigt, und wer selbst als Epizentrum Ausgangspunkt regelmäßiger „Beben" ist, die dann auch die anderen Mitarbeiter erfassen können.

Ketzer stehen immer am Rand, nie im Zentrum

4 Organisation: Das geordnete Chaos

46. Unternehmensorganisation: Zwischen Ordnung und Chaos

Problem	Ihr Unternehmen erstarrt in organisatorischen Strukturen und Regelungen.
Ziel	Sie wollen auf den Nachteil eines zu hohen Ordnungsgrades aufmerksam machen.

Ein wichtiger Erfolgsfaktor für Unternehmen ist die Fähigkeit, sich gegebenen Umweltverhältnissen anzupassen. Um in der Sprache der Evolutionstheorie zu sprechen: Unternehmen müssen hinsichtlich ihrer „Lebensräume" oder „ökologischer Nischen", das heißt ihrer Märkte, ein hohes Maß an Fitneß aufweisen. „Fit" muß in diesem Zusammenhang mit „angepaßt" übersetzt werden und nicht mit „stark" oder ähnlichem. Das Darwinsche „survival of the fittest" bedeutet immer das Überleben des am besten Angepaßten und nicht des Stärksten!

Jedes System ist ein System der Freiheit und der Notwendigkeit zugleich. *Hegel*

Der Biologe und Nobelpreisträger Jacques Monod nannte als die treibenden Kräfte der Evolution Zufall und Notwendigkeit. Zufällige Mutationen werden durch Selektionsprozesse auf solche reduziert, die am besten den gegebenen Umweltbedingungen entsprechen – ein Vorgang, der sehr viel Zeit benötigt. Die Lebensräume von Unternehmen wandeln sich jedoch so schnell, daß ebenso schnelle Anpassungsprozesse vonnöten sind. Ein Unternehmen, das in einer hochdynamischen Umwelt überleben will, hat aber nicht die Möglichkeit, mit Zufällen zu kalkulieren. Es muß aktiv für die notwendige Anpassungsfähigkeit sorgen. Doch wie gelingt dies? Wie ist ein strategisches Management in dynamischen oder chaotischen Umfeldern möglich? Eine Antwort hierauf gibt der Mediziner und Biologe Stuart Kauffman, der zur Zeit am Santa Fe Institute in den USA arbeitet. In seiner systemtheoretisch fundierten Evolutionstheorie prägt er den Begriff des „Chaosrands": Der Chaosrand ist der Bereich oder Zustand zwischen Ordnung und Chaos, zwischen Stabilität und Flexibilität, zwischen Starrheit und Strukturlosigkeit.

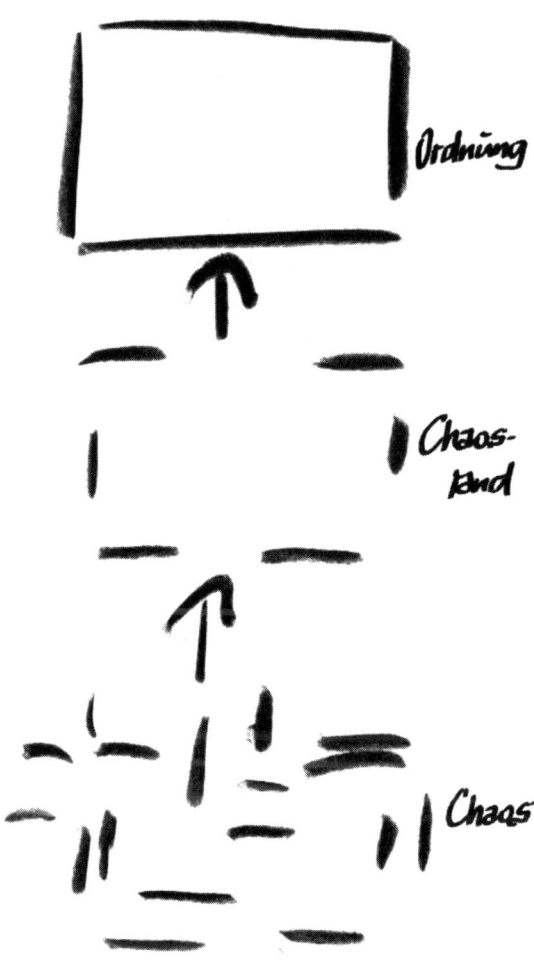

Unternehmen müssen sich stets am Chaosrand befinden

Der Chaosrand ist somit der Bereich, der sowohl das notwendige Maß an Stabilität als auch die erforderte Flexibilität sichert. Ein einfaches Beispiel aus der Festkörperphysik kann dies illustrieren. Die Physik unterscheidet drei Zustände, drei Phasen, die Körper annehmen können: fest, flüssig und gasförmig. Nehmen wir beispielsweise H_2O in den Zuständen Eis, Wasser und Wasserdampf. Eis weist die maximale Stabilität beziehungsweise Ordnung auf, kann sich aber äußerst schlecht seiner Umwelt anpassen. Der chaotische Zustand Gas hingegen paßt sich hervorragend allen möglichen Umweltbedingungen an, weist aber eine dementsprechend hohe Strukturlosigkeit auf. Nur Wasser – zwischen Ordnung und Chaos – kann sich zum einen seiner Umwelt anpassen (es nimmt die Form eines jeden Gefäßes an), gleichzeitig verfügt es aber auch über eine gewisse Stabilität (es entweicht nicht wie das Gas einem offenen Gefäß).

Unternehmen sollten sich also auch mit ihren Führungs- und Organisationsprozessen und -strukturen am Chaosrand befinden. Nur hier ist für die richtige Mischung aus Stabilität und Flexibilität gesorgt, die es Unternehmen erlaubt, schnelle Anpassungsprozesse an eine dynamisch Umwelt zu vollziehen. Der chaotischen Umwelt wird also ein gewisses Maß an Chaos entgegengesetzt, denn, überspitzt formuliert: Chaos läßt sich nur durch Chaos beherrschen. Und Chaos ist nahezu überall anzutreffen.

47. Doughnut-Organisation: Kernbereiche und Freiräume definieren

Problem	Ein Unternehmen wird als streng festgelegtes Gebilde betrachtet.
Ziel	Sie möchten zeigen, daß es außer einem fixierten Kernbereich auch ein freies, gestaltbares Umfeld gibt.

Der umgekehrte Doughnut

Der Management-Vordenker Charles Handy entwirft in seinem Buch „Die Fortschrittsfalle" (Gabler 1995) im Zusammenhang mit der Behandlung von Paradoxien das „Doughnut-Prinzip": „Der Doughnut – eine Art Berliner Pfannkuchen oder Krapfen –, um den es hier geht, ist von der amerikanischen Sorte, ein Ring aus Hefeteig mit einem Loch in der Mitte, nicht die britische, volle Version mit Marmelade in der Mitte. Das Doughnut-Prinzip verlangt einen verkehrten amerikanischen Doughnut, bei dem sich das Loch außen und der Teig in der Mitte befindet." Dieser gedankliche Doughnut ist zwar zum Essen recht wenig geeignet. Um so geeigneter ist er jedoch dafür, gesellschaftliche und wirtschaftliche Zusammenhänge zu illustrieren. Handy geht es beim Doughnut-Prinzip grundsätzlich um die Darstellung des richtigen Verhältnisses von Verantwortlichkeit und Pflicht (dem Kern) und von Freiraum (dem Randbereich).

Auch Unternehmen lassen sich hervorragend mit einem Handyschen Doughnut vergleichen. Schauen wir uns ein Unternehmen und seine Umwelt an, dann sehen wir, daß es einen Bereich gibt, der den festen Kern des Unternehmens bildet – personell und funktional – und daß es einen frei gestaltbaren Raum um diesen Kern herum gibt. Dieser Bereich besteht aus frei assoziierten Partnern beziehungsweise Zulieferunternehmen sowie allen Funktionen, die nicht zu den Kernbereichen eines Unternehmens gehören.

Outsourcing-Strategien sollten in der Regel dem Doughnut-Prinzip folgen. Es sollten also nur die Bereiche ausgelagert werden, die nicht zu den Essentials eines Unternehmens gehören. Kernkompetenzen sollten immer im Kern bleiben.

Freiheit hebt die Notwendigkeit nicht auf,
sie setzt sie voraus.   *Baruch de Spinoza*

Wir können das Doughnut-Prinzip noch erweitern, indem wir einen dritten Bereich anschließen. Der dritte Bereich, der die beiden anderen umschließt, steht für die Umwelt des virtuellen Unternehmens (wobei die Übergänge natürlich tatsächlich fließend sind). Diese Darstellung eines Unternehmens macht deutlich, wie von innen nach außen die Ordnung abnimmt. Während der Kern ein hohes Maß an Ordnung aufweist, ist der dritte, äußere Bereich ein relativ chaotisches Umfeld, und der mittlere Bereich entspricht wiederum dem Chaosrand, der uns schon vorher als Erklärungsmodell diente.

Dieser Chaosrand als Charakteristikum virtueller Unternehmen garantiert diesen ihre Flexibilität bei gleichzeitiger Stabilität. Der Kern des Unternehmens (Zentrum) entwirft sich selbst ein berechenbares und steuerbares Umfeld (erster Ring), das entsprechend der äußeren Umweltbedingungen (zweiter Ring) gestaltet werden kann.

48. Systemisches Management *oder* Das Fischernetz

Problem	Bei Reorganisationsmaßnahmen werden Unternehmensbereiche als isolierte Einheiten betrachtet.
Ziel	Es muß verdeutlicht werden, daß im System Unternehmen alles mit allem verbunden ist.

Ein Netz kann aus vielen einzelnen Schnüren geknüpft sein und bildet dennoch eine Einheit. Alles ist mit allem verbunden. Wenn man an einem Teil des Netzes zieht, gerät auch das übrige Netz in Bewegung. Eine Reaktion auf eine Veränderung an einer Stelle muß an verschiedenen Seiten des Netzes ansetzen.

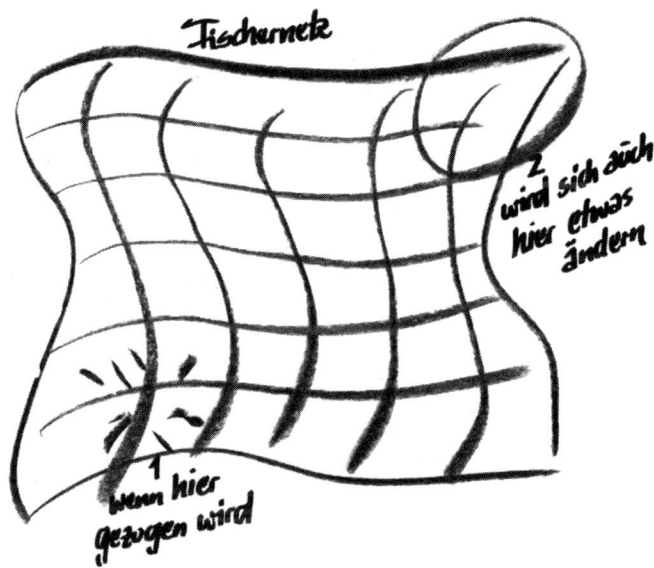

Das Unternehmen als Netz

Das ist das Geheimnis der Gemeinschaft, daß nicht bloß der Niedere des Höheren, sondern auch der Höhere des Niederen bedarf. *Baal Schem*

Unternehmen gleichen Netzen, aber mehrdimensionalen Netzen. Die einzelnen Netze bestehen aus interdependenten Elementen, Strukturen oder Prozessen, und die Netze selbst beeinflussen sich ebenfalls gegenseitig. Ein einzelnes Netz ist zum Beispiel die Personalebene, der gesamte Bereich des Personalmanagements und der Personalentwicklung. Ein weiteres Netz ist die Organisation eines Unternehmens, die Gesamtheit der konstituierenden Strukturen und Prozesse. Und ein weiteres wichtiges Netz ist die Informationstechnologie, die einem Unternehmen zur Verfügung steht. Jeder Teilbereich für sich muß eine konsistente abgestimmte Einheit bilden, jedes dieser Netze ist ein komplexes Gebilde voneinander abhängiger Elemente und Prozesse. Und die einzelnen Netze sind wiederum eng miteinander verbunden und beeinflussen sich gegenseitig. Wenn ein Unternehmen seine Organisation auf seine Kernprozesse ausrichtet, müssen die Mitarbeiter entsprechend geschult werden. Auf technischer Seite wird die Reorganisation durch Workflowmanagement-Systeme unterstützt, die entlang der einzelnen Geschäftsprozesse implementiert werden. Eine dezentrale Organisation, die Kompetenzen nach „unten" durchreicht, muß ebenfalls über hochqualifizierte Mitarbeiter und den entsprechenden technischen Support verfügen, zum Beispiel durch dezentrale Client-Server-Systeme.

Die Führungscrew eines Unternehmens muß immer wissen, wo sich das komplexe Netz Unternehmen ändert, wenn an einer bestimmten Stelle gezogen wird.

49. „Lean": nein! „Fit": ja!

Problem	Sie haben Ihr Unternehmen soweit abgespeckt, daß die Leistungsfähigkeit darunter leidet.
Ziel	Sehen Sie zu, daß Sie an den richtigen Stellen „Muskeln aufbauen"

Jedes Frühjahr ist es wieder soweit. Zigtausende wähnen sich zu dick, die Freibadsaison steht ja bald vor der Tür, die Konkurrenz schläft nicht, und sowieso möchte man sich was Gutes tun. Eine Diät ist angesagt. Also wendet man sich an einen Ernährungsberater oder liest die einschlägigen Magazine. Eisern hält man durch. Stolz verliert man Kilo um Kilo, bis man schließlich nach langen Wochen sein Idealgewicht erreicht hat. Man fühlt sich ganz wohl und sagt deshalb auch gerne zu, wenn man von einem Freund eine Einladung zum Bergwandern erhält. Stolz erzählt man von seinem Gewichtsverlust und bedauert den Kumpel, der immer ein paar Kilo zuviel auf den Rippen hat. Doch schon beim ersten längeren Anstieg stellt man fest, daß man mit den Kilos auch die Power verloren hat, sämtliche Kraftreserven sind verschwunden. Diäten ohne Fitneßtraining sind eben doch sinnlos.

Ebenso verordnen sich viele Unternehmen, die sich zu „dick" fühlen, eine einseitige Diät. Unternehmensstrukturen werden abgespeckt, ohne daß für die nötige Fitneß gesorgt wird. Geht es jetzt an den Start im Wettlauf um neue Märkte, hecheln solche Unternehmen bald den anderen hinterher. Was fehlt, ist ein gewisses Maß an „organizational slack", in dem die Kraftreserven eines Unternehmens stecken.

Bei leerem Magen sind alle Übel doppelt schwer.   *Christoph Martin Wieland*

Die Verschlankung von Unternehmen muß mit einem klugen Komplexitätsmanagement einhergehen. Werden Führungsebenen abgeräumt und die entsprechenden Kompetenzen nach „unten" durchgereicht, muß auch dafür gesorgt werden, daß dort die entsprechenden Aufgaben erfüllt werden können. „Job enrichment", „job enlargement" und anfallende Koordinationsbedarfe sorgen dafür, daß Komplexität weniger reduziert, sondern vielmehr verlagert wird. Wird sie jedoch zu stark abgebaut, fehlt es eben an der notwendigen Power, um bei einer günstigen Gelegenheit einmal durchstarten zu können. Bis dann erst wieder die notwendigen funktionalen und strukturellen Ressourcen zur Verfügung stehen, kann es schon zu spät sein.

Also: Kilos weg und Muskeln an den richtigen Stellen aufbauen!

Lean   Fit

Zuviel zu schnell abnehmen ist ungesund

50. Fischschwarm-Organisation

Problem	Ihr Unternehmen kann nicht flexibel genug auf Umweltänderungen reagieren.
Ziel	Implementieren Sie temporäre aufgabenbezogene Strukturen.

Ein Fischschwarm bietet einen einheitlichen Anblick und kann dennoch von einer Sekunde auf die andere vollständig seine Form wechseln. Von Unternehmen kann eine solche Flexibilität nicht erwartet werden – aber sie können doch von Fischschwärmen einiges lernen.

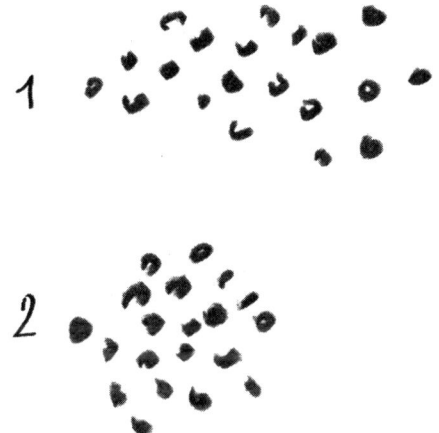

Ein Schwarm ist immer ein Schwarm, verändert aber permanent seine Gestalt

Ein Fischschwarm besteht aus zahlreichen Individuen, die ein gemeinsames Ziel verfolgen und sich gemeinschaftlich in die gleiche Richtung bewegen. Das Ziel, auch wenn es wechseln kann, bleibt für die

Gesamtheit der Fische verbindlich, die Form des Schwarms bleibt es nicht. Er kann einmal eher kugelförmig und dichter, kurz darauf langgestreckt und lockerer sein.

Veränderung kann nur durch Veränderung begegnet werden.

Fischschwarm-Strukturen sollten auch in Unternehmen auf verschiedenen Ebenen realisiert werden, um deren Flexibilität zu gewährleisten. Auf der Mitarbeiterebene sollten einzelne Mitarbeiter verschiedenen Arbeits- beziehungsweise Projektgruppen zugeordnet werden können, einzelne Projektgruppen sollten wiederum abteilungs- beziehungsweise geschäftsprozeßübergreifend je nach Handlungsbedarf zu Super-Projektgruppen zusammengeschlossen werden können. Das gesamte Unternehmen selbst sollte sich Partner suchen, mit denen es Schwärme in einer bestimmten temporären Form bildet. Virtuelle Unternehmen sind schon auf einem entsprechenden Weg.

51. Das Puzzle *oder* Jede Einheit besteht aus Teilen

Problem Der Blick dafür, daß Unternehmen ein Ganzes sind, das aus Teilen besteht, ist verlorengegangen.

Ziel Öffnen Sie die Teil-Ganzes-Perspektive.

Jedes Unternehmen ist eine Einheit, sollte es zumindest sein, und jedes Unternehmen wird auch als Einheit wahrgenommen, von Mitarbeitern, vor allem aber auch von anderen Marktteilnehmern. Das „Geheimnis" dieser Einheit ist jedoch eine harmonische Vielfalt einzelner Komponenten. Wie ein Puzzle aus vielen einzelnen Teilen zusammengesetzt ist, die sich zu einem Gesamtbild ergänzen, besteht jedes Unternehmen aus zahlreichen „Einzelteilen", die jedoch alle die Idee des Unternehmensganzen repräsentieren. Ein Puzzleteilchen aus einem Puzzle, das eine Waldlandschaft darstellt, paßt eben nicht in ein Puzzle, auf dem ein Rennwagen abgebildet ist.

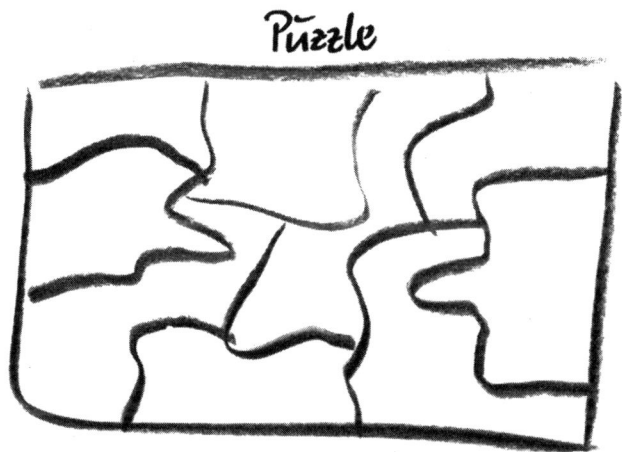

Teil und Ganzes bilden eine harmonische Einheit

Jedes Teilchen repräsentiert also das Ganze, und jedes Teilchen hat auch seinen spezifischen Platz. Dieses „Puzzlesystem" funktioniert auf verschiedenen Ebenen: auf der Ebene der elementaren Puzzleteile, aber auch auf der Ebene größerer Einheiten, die aus mehrerern Teilen bestehen, die zum Beispiel ein bestimmtes Objekt ergeben, einen Baum, einen Berg, eine Wolke. Diese größeren Einheiten funktionieren in bezug auf das gesamte „Kunstwerk" wie die kleinen Einzelteile, auch sie stehen für die Vielfalt, die zu einer umfassenden Einheit führt. Auch Unternehmen können „bottom up" von kleinsten Einheiten über umfassendere Strukturen bis zum Unternehmensganzen „zusammengesetzt" werden. Jedes Element, egal auf welcher Ebene, hat seinen Platz in der jeweils umfassenderen Einheit bis hinauf zur Unternehmensebene.

52. Alles ist mit allem verbunden

Problem	Sie möchten die Kommunikations- und Kooperations-prozesse Ihres Unternehmens darstellen.
Ziel	Entwerfen Sie eine Netzstruktur, wie sie zum Beispiel ein Pentagramm darstellt.

Ein Pentagramm, bei dem alle Punkte miteinander verbunden sind, ist ein hervorragendes Bild für vernetzte, dezentrale Unternehmensstrukturen. Die Gesamtheit des Unternehmens besteht zum einen aus den dezentralen Einheiten und zum andern aus den Verbindungen, die zwischen diesen einzelnen Einheiten bestehen.

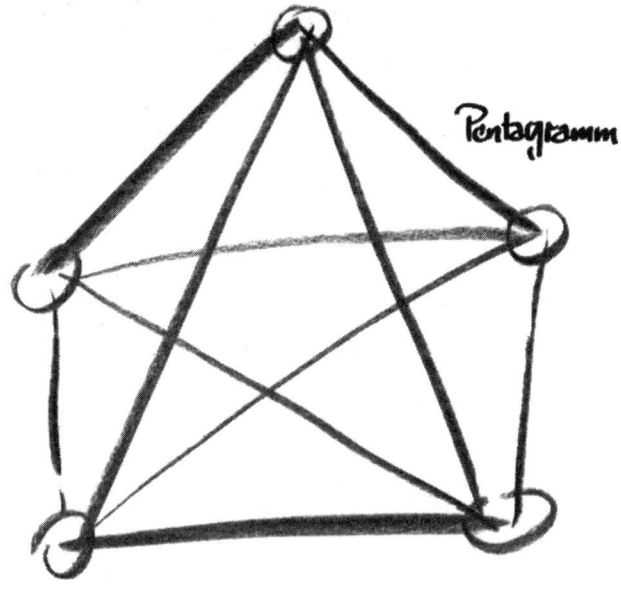

Pentagramm

Netzstruktur

Es ergibt sich jeweils ein völlig anderes Bild, wenn entweder die Zahl der dezentralen Einheiten oder die Art der Vernetzung geändert wird. Es ist schon sehr von Bedeutung, ob dezentrale Produkt/Marketing-Einheiten untereinander verbunden sind oder ob sie voneinander unabhängig existieren und erst in einem übergeordneten Knoten zusammenlaufen.

Gemeinschaft setzt Demokratie voraus.   Leonhard Ragaz

Die Variante, bei der die Einheiten direkt miteinander verbunden sind, entspricht einem synergetischen, kooperativen Angehen des Marktes. Die einzelnen Einheiten sind durch Kommunikationsprozesse miteinander verbunden und können sich zum Beispiel hinsichtlich gemeinsamer Ziel verständigen. Sind diese Einheiten nicht miteinander verbunden, und erfolgt keine Koordination durch eine übergeordnete Instanz, entspricht dies dem Konzept der internen Konkurrenz. Die isolierten Produkt/Marketing-Einheiten suchen jede für sich und gegeneinander ihren Weg durch den Markt.

Das Bild des Pentagrammes macht auch folgendes deutlich: Über die Funktion beziehungsweise Bedeutung einer Unternehmenseinheit entscheidet nicht die „Art" der Unternehmenseinheit, sondern deren Platz in der Gesamtstruktur des Unternehmens.

5

Marketing:
Konzentration
auf den Kunden

53. Neue Kunden im Erfolg gewinnen

Problem	Bei guter Auftragslage konzentriert sich Ihr Unternehmen lediglich auf das Stammkunden-Management.
Ziel	Sie wollen deutlich machen, daß auch die Gewinnung neuer Kunden für die Zukunft wichtig ist.

Als Sales-Manager erfreuen Sie sich bester Umsätze. Ihre Stammkunden rennen Ihnen die Türen ein, und Sie haben alle Hände voll zu tun. Sie sind voll am Zug. Warum also sollten Sie sich gute und sichere Geschäfte durch die Lappen gehen lassen, nur um das unsichere Terrain der Neukundengewinnung zu betreten? Ganz einfach, weil Sie sonst, wahrscheinlich sogar schon in absehbarer Zeit, weder Neu- noch Stammkunden haben werden. Um neue Kunden haben Sie sich nicht bemüht, und Stammkunden können Ihnen ruckzuck wegbrechen: Dynamische Unternehmensstrategien, Dezentralisierungsprozesse und personelle Wechsel führen dazu, daß auch Ihre Stammkundenbereiche heftigen Änderungsprozessen unterworfen sind.

In allen Dingen ist der rechte Augenblick
für den Erfolg entscheidend.   *Menander*

Natürlich könnten Sie sich auch erst dann um neue Kunden bemühen, wenn Ihnen so viele alte weggebrochen sind, daß Sie so richtig Zeit für die Akquisitionsarbeit haben. Doch haben Sie die dann wirklich? Bestimmt nicht! Ihre Umsatzentwicklung ist rückläufig, Ihr Investitionspotential schmilzt wie Schnee in der Sonne, und Ihr Ansprechpartner in Ihrer Geschäftsbank zieht leicht die linke Augenbraue nach oben, wenn er Sie sieht, üppige Kreditvolumina gehören dann in das Reich der Träume.

Also gehorchen Sie den Gesetzen der Vernunft, und handeln Sie aus dem Erfolg heraus! Kümmern Sie sich um neue Kunden, wenn es Ihnen gut geht, dann haben Sie die Power, dann strahlen Sie soviel Sicherheit und Motivationskraft aus, daß Sie mit Leichtigkeit neue Geschäftspartner gewinnen können. Denken Sie daran, nichts ist so erfolgreich wie der Erfolg.

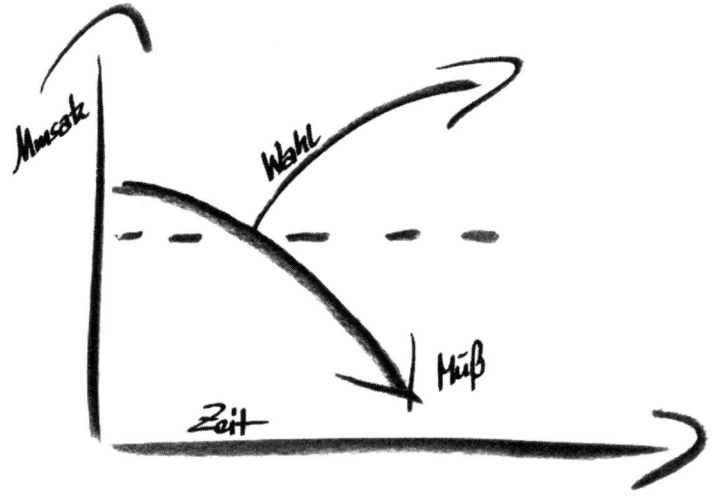

Starten Sie aus dem Erfolg heraus eine neue Erfolgskurve

Um dieses Vorhaben umzusetzen, können Sie sich leicht motivieren. Bedienen Sie sich einfach Ihrer Vorstellungskraft und malen Sie sich die beiden folgenden Situationen aus. Aktivieren Sie dabei alle Sinneskanäle und dies so intensiv wie möglich. Entwerfen Sie die beiden Visionen so wirklichkeitsnah wie möglich, entscheiden Sie sich dann für die eine der beiden, und handeln Sie auch entsprechend.

Vision 1: Sie befinden sich auf der Höhe Ihres Erfolgs. Ihre Stammkunden schütten Sie mit Aufträgen zu. Sie sind der glücklichste Mensch der Welt. Doch plötzlich ändert sich die konjunkturelle Wetterlage in Ihrem Stammkundenbereich. Eine Abwärtsspirale setzt ein. Sie verlieren einen Kunden nach dem anderen. Dennoch haben Sie mit der Auftragsabwicklung und mit der zunehmenden Zahl an

Reklamationen so viel zu tun, daß Sie kaum Zeit für die Entwicklung neuer Geschäftsideen haben. Doch jetzt müssen Sie handeln. Neue Kunden müssen her, neue Geschäftsfelder müssen angegangen werden. Aber bei Akquisitionsgesprächen sind Sie physisch und psychisch so ziemlich am Ende. Ihre Gesprächspartner merken, daß Sie unter Druck stehen und zocken Sie nach allen Regeln der Kunst ab. Oder sie lehnen es gleich ab, mit Ihnen ins Geschäft zu kommen. Wer will schon einen Loser als Partner? „The loser's standing small."

Vision 2: Sie befinden sich auf der Höhe Ihres Erfolgs. Ihre Stammkunden schütten Sie mit Aufträgen zu. Sie sind der glücklichste Mensch der Welt. Dennoch handeln Sie weitsichtig. Sie kümmern sich um neue Geschäftsbereiche und betreiben ein aktives Akquisitionsmanagement. Und dies ist auch gut so, denn plötzlich ändert sich die konjunkturelle Wetterlage in Ihrem Stammkundenbereich. Kein Problem für Sie! Sie haben vorgesorgt und erfreuen sich einer phantastischen Anzahl neuer Kunden. Ihr Laden läuft weiter hervorragend, und so können Sie mit Elan und Sicherheit neue Geschäftspartner gewinnen. „The winner takes it all."

54. Robert die Ratte *oder* Aktives Markt-Management

Problem	Sie sitzen mit Ihrem Unternehmen in einem toten Markt. Alle Aktivitäten sind darauf gerichtet, diesen Markt wiederzubeleben.
Ziel	Es soll deutlich gemacht werden, daß es effektiver ist, sich neuen Märkten zuzuwenden.

Ein jeder Mensch kann irren. Im Irrtum verharren kann nur ein Tor.

Cicero

Tiere verhalten sich oft intelligenter als Menschen. Und so können wir auch von Robert der Ratte etwas Wichtiges lernen. Mit Robert der Ratte wird das folgende Experiment durchgeführt: Er wird in einen Käfig gesetzt, an dessen einer Seite die Eingänge zu fünf Tunneln liegen. In einem der Tunnel, sagen wir in Nummer 3, ist ein Stück Käse versteckt. Seine Neugierde treibt Robert dazu, in die einzelnen Tunnel hineinzuschnüffeln. Schnell findet er in Tunnel 3 den Käse. Nach einigen Testläufen wird Robert nicht mehr die anderen Tunnel aufsuchen, sondern schnurstracks in den laufen, in dem er das Stück Käse vermutet. Nach zwei Tagen wird der Käse aber nicht mehr in Tunnel 3 versteckt, sondern in Tunnel 4. Natürlich spurtet Robert sofort auf Nummer 3 zu. Als er dort das gesuchte Nahrungsmittel nicht mehr findet, verläßt er diesen Tunnel sofort und sucht die anderen wieder ab, bis er in Nummer 4 sein Erfolgserlebnis hat. Frustration steckt Robert also schnell weg und begibt sich sofort auf den Weg zu neuen Taten.

Unternehmen und deren Manager verhalten sich leider ganz anders. Ein Unternehmen, das in einem bestimmten Marktsegment Erfolg findet, richtet meist seine gesamten Unternehmensstrategien auf die Bearbeitung dieses Marktes aus. Es findet gleichsam eine strategische, organisationale und mentale Fixierung statt. Bleibt jetzt der Erfolg aus, verharren die Unternehmen in der Regel in ihrem „Tunnel". Es werden Projektgruppen gebildet, es wird nach den Schuldigen gesucht, und das ganze Denken ist auf die Beantwortung der Frage ausgerichtet, wie das Unternehmen seinen schönen Markt zurückerhält. Die Unternehmen warten gleichsam auf die wundersame Rückkehr des „Käses". Doch Märkte ändern sich, und dies mit zunehmender Dynamik. Es lohnt sich nicht, auf alte Märkte zu warten, sondern neue Tätigkeitsfelder müssen gefunden werden.

Robert die Ratte hält sich nicht lange mit Frustrationserlebnissen auf

55. Dicke Brocken und kleine Fische: Mehr Umsatz mit System

Problem	Ihr Unternehmen will sich auf die „dicken Brocken" als Geschäftspartner beziehungsweise Kunden konzentrieren.
Ziel	Sie möchten davon überzeugen, daß die Umsätze im mittleren Segment zu holen sind.

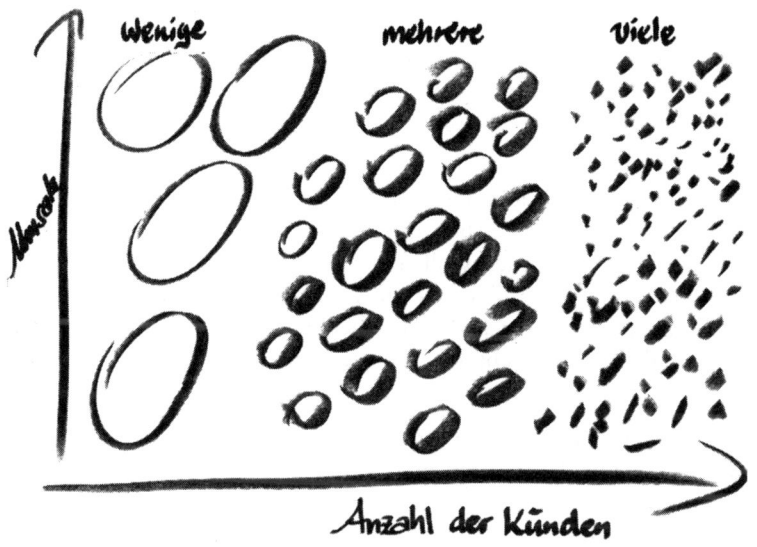

Konzentrieren Sie sich auf die mittelgroßen „Fische". Auf diese Weise generieren Sie Umsatz, sind keinem Machtdruck ausgesetzt und müssen sich auch nicht verzetteln

Angler haben keinen leichten Job, denn Angeln erfordert Fachwissen, die richtige Ausrüstung und eine ordentliche Portion Geduld. Und – das ist das Wichtigste, denn danach richten sich die anderen „Erfolgsfaktoren" – Angler müssen wissen, was sie wollen. Ein Angler, der es auf die großen Brocken abgesehen hat, benötigt völlig andere Fachkenntnisse und ein völlig anderes Equipment als sein Sportsfreund, der hinter kleinen Fischen her ist. Der Freund großer Fische versucht sein Glück in der Regel auch in anderen Fischgründen. Mit einem Boot fährt er auf die offene See und wirft dort seine Angel aus.

Wer vorher nachdenkt, muß nachher nicht verkaufen.

Sein Kollege, der es auf die kleinen Fische abgesehen hat, hält sich zum Beispiel in Ufernähe auf, und er fischt auch nicht mit einer Angel, sondern mit einem Netz. Ein Freund der beiden will jedoch weder lange warten müssen noch allzu oft in See stechen und widmet sich deshalb den mittelgroßen Fischen. Sein Equipment ist dabei so ausgerichtet, daß dabei gelegentlich auch ein etwas größerer Brocken hängenbleibt.

Der Vergleich mit dem Fischen paßt natürlich hervorragend zum Thema „Kundenfang". Aber auch dann, wenn Sie zum Beispiel ein Händlersystem aufbauen wollen, stellen sich Ihnen dieselben Probleme. Wollen Sie Ihr Glück mit ein paar großen Brocken versuchen, wollen Sie kleine Fische an Land ziehen, oder möchten Sie denjenigen Fischer als Vorbild nehmen, der sich auf die mittelgroßen Fische konzentriert?

Meine Empfehlung ist klar: Widmen Sie sich nicht nur den großen Brocken als Handelspartner, auch wenn diese pro „Nase" den größten Umsatz abwerfen. Denn im Ganzen gesehen, machen Sie das Geld mit den mittelgroßen und den kleinen Händlern. Während bei den großen Händlern die Gefahr besteht, daß diese Sie durch ihre Macht und Dominanz aus dem Boot ziehen, stehen Sie bei den kleinen der Gefahr gegenüber, es sehr vielen verschiedenen Partnern recht machen zu müssen. Um beiden Gefahren aus dem Weg zu gehen, sollten Sie Ihr Händlernetz zum größten Teil aus mittelgroßen Händlern aufbauen. Ein paar große und auch ein paar kleine können Sie dabei immer integrieren.

56. Erfolgreiche Positionierung: Die Produkt-Markt-Perspektive

Problem	Die Leistungen Ihres Unternehmens werden lediglich über das Produkt definiert. Ein Differenzierung gegenüber Mitbewerbern ist so kaum möglich.
Ziel	Es soll gezeigt werden, daß eine Positionierung im Markt mit Hilfe eines „Merkmalsbündels" erfolgen muß.

Verkäufe werden im Kopf des Verkäufers abgeschlossen oder niemals.

Die erfolgreiche Positionierung von Produkten fällt zunehmend schwerer. Zuviele Anbieter werfen sich ähnelnde Produkte auf den Markt. Das intensiv beschworene Alleinstellungsmerkmal offenbart sich schnell als „Gleichstellungsmerkmal". Und doch wissen Sie, daß Interessenten, die Ihre Produkte kaufen, damit besser fahren, als wenn sie zur Konkurrenz gehen. Und warum wissen Sie das? Weil Sie Ihr Produkt, Ihre Leistung als Ganzes wahrnehmen.

Um die Einzigartigkeit Ihrer Produkte herausstellen zu können, dürfen Sie Ihr Angebot nicht nur über die beiden Faktoren Preis und Produktdaten definieren, denn das sind nur zwei von vielen Faktoren, die die Attraktivität eines Produktes bestimmen, und gerade sie sind in hohem Maße austauschbar und kopierbar. Um sich die Vielschichtigkeit Ihrer Produkte zu verdeutlichen, stellen Sie sich konzentrische Kreise vor, in deren Mitte Produkt und Preis sind. Die Perspektive vom Produkt auf den Markt, die Sie jetzt einnehmen sollten, umfaßt jedoch noch andere Komponenten. Um das Produkt schließt sich zum Beispiel der Service. Mit diesen drei Komponenenten – Preis, Produkt und Service – verfügen Sie schon über ein ordentliches Differenzierungspotential: Nur Sie bieten diesen erstklassigen Service. Und um den Service schließt sich Ihr Unternehmen. Nicht nur Ihr

Leistungsspektrum, sondern auch Ihre Unternehmenskultur, das Image und Ihre Mitarbeiter. Die Verkäufer nehmen unter Ihren Mitarbeitern eine Sonderstellung ein: Sie sind die Verbindung zum Markt, deshalb ist ihnen der äußerste Kreis vorbehalten. Zur Positionierung Ihrer Produkte, zur Differenzierung gegenüber dem Wettbewerb, stehen Ihnen also Preis, Produktmerkmale, Service, Unternehmensimage und die Qualität beziehungsweise das Auftreten Ihrer Mitarbeiter zur Verfügung.

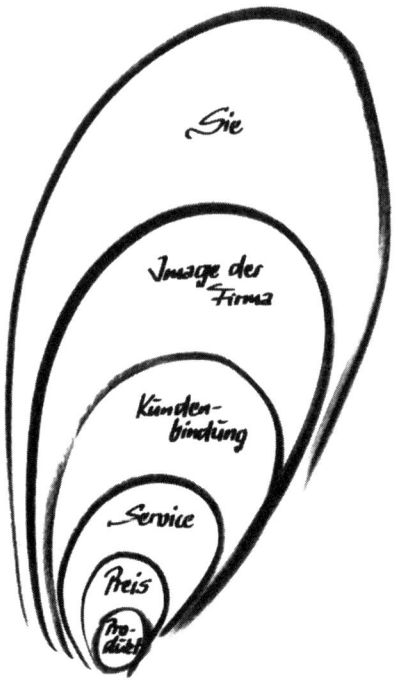

Die Perspektive vom Produkt auf den Markt

Bei der Definition des Alleinstellungsmerkmals, der USP oder bei Ihren Marketingaktivitäten sollten Sie diese umfassende Perspektive vom Produkt auf den Markt nutzen. Auf diese Weise sorgen Sie dafür, daß potentielle Kunden, die von außen, vom Markt, Ihr Produkt betrachten, ebenfalls die ganze Vielfalt der Leistungsfaktoren, die mit dem Produkt verbunden sind, wahrnehmen.

57. Den Abschluß im Visier

Problem   In einem Verkaufsgespräch haben Sie kein Gefühl dafür, wie Ihre Chancen stehen, einen Abschluß zu erreichen, und wie intensiv Ihre Überzeugungsarbeit noch sein muß.

Ziel   Es soll ausgelotet werden, welche Wünsche bei Ihrem Ansprechpartner noch erfüllt werden müssen, um zu einem Abschluß zu gelangen.

Sie führen ein Verkaufsgespräch mit einem recht schwierigen Kunden. Ihr Gesprächspartner ist mit vielen Dingen einverstanden, zumindest nickt er an den entscheidenen Stellen. Dennoch zögert er, Ihre Frage nach einem konkreten Abschluß mit einem runden Ja zu beantworten. Sie werden unsicher und fragen sich, ob nur noch ein kleines Eckchen zu einem erfolgreichen Abschluß fehlt oder ob die Zustimmung, die Ihr Gesprächspartner signalisiert hat, eher grundsätzlicher Natur war und eigentlich als Geste der Höflichkeit gedacht war, von einer Übereinstimmung in den Sachfragen allerdings keine Rede sein kann.

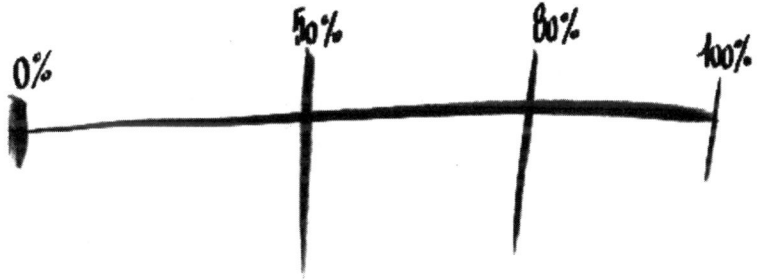

Die Meßlatte für die Abschlußwahrscheinlichkeit

Wie es sich tatsächlich verhält und ob es sich lohnt, am Ball zu bleiben, bekommen Sie relativ leicht heraus. Fragen Sie Ihren Gesprächspartner, wieviel Prozent zu seiner 100prozentigen Zufriedenheit und einem entsprechenden Abschluß noch fehlen. Antwortet er zum Beispiel mit: „Es fehlen noch 20 Prozent zu meinem Glück", können Sie sicher sein, daß Sie diesen Abschluß noch einfahren werden. Fragen Sie Ihren potentiellen Kunden dann, auf welche inhaltlichen Faktoren sich diese 20 Prozent beziehen, und erarbeiten Sie darauf aufbauend mit ihm zusammen das Angebot, mit dem er sich vollständig identifizieren kann.

Auch Kunden, die ein Produkt haben müssen, zögern mit dem Kauf.

Gibt Ihr Gesprächspartner jedoch vor, daß noch 50 Prozent fehlen, packen Sie am besten gleich Ihre Sachen wieder zusammen. Zu groß ist der Unterschied zwischen den beiden Vorstellungen, wie das Angebot aussehen soll. Zu aufwendig wären die entsprechenden Abstimmungsprozesse. Und wenn Sie Ihr ursprüngliches Angebot zu sehr modifizieren, verlieren Sie auch einiges an Glaubwürdigkeit. Ein Kunde, der einmal einen entsprechenden Erfolg gelandet hat, wird Ihr nächstes Angebot von vornherein als Makulatur ansehen.

Auch die Stimmungslage von Gruppen können Sie mit diesem Verfahren ausloten. Stellen Sie jedem einzelnen die „Wieviel-Prozent-fehlen-noch"-Frage, so wissen Sie genau, bei wem Sie noch Überzeugungsarbeit leisten müssen, wen Sic schon überzeugt haben und wen Sie ohnehin „abschreiben" können. Natürlich können Sie die einzelnen erfragten Prozentangaben nicht einfach zusammenzählen und durch die Anzahl der Personen teilen, um so ein „Gesamtergebnis" zu erhalten. Wenn in einer Gruppe von drei gleichberechtigten Personen zwei mit jeweils 70 Prozent auf Ihrer Seite sind und einer mit zehn Prozent gegen Sie steht, erhalten Sie nicht 50 Prozent und somit eine Niederlage als Ergebnis, sondern eine relativ gute Chance, mit etwas Verhandlungsgeschick einen zwei zu eins Abstimmungserfolg zu verbuchen.

58. Das Prinzip Hoffnung *oder* Reklamationen erfolgreich managen

Problem	Ein Kunde reklamiert mangelhafte Produkte oder Leistungen. Sie möchten ihn als Kunden halten.
Ziel	Sorgen Sie dafür, daß seine Hoffnung auf eine zukünftige gute Zusammenarbeit größer ist als die Resignation zum Zeitpunkt der Reklamation.

Ein Kunde erwirbt bei Ihnen eine verfahrenstechnische Anlage. Die Freude über den Abschluß ist auf beiden Seiten groß. Sie machen ein riesiges Geschäft, und Ihr Kunde kann seinen gesamten Produktionsprozeß modernisieren. Doch die Freude währt nur kurze Zeit. Schon nach einem Monat wird die Anlage reklamiert. Die Ventile sind angeblich für den entstehenden Druck zu schwach ausgelegt und öffnen sich zu früh.

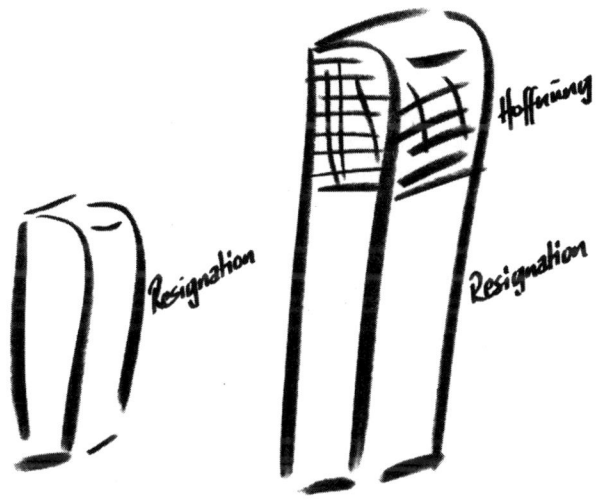

Die Hoffnung muß immer ein Stück größer sein als die Resignation

Sie setzen sich mit Ihrem Kunden zusammen und haben jetzt den schwierigen Job, den Kunden grundsätzlich als Kunden zu halten. Doch die Enttäuschung und der Ärger über den entstandenen Schaden sind groß. Sie haben Ihr Ziel erst dann erreicht, wenn Sie es schaffen, daß die Resignation auf seiten Ihres Geschäftspartners über den schlechten Job überragt wird durch die Hoffnung, daß der nächste Auftrag zu seiner Zufriedenheit erledigt wird. Würdigen Sie in jedem Falle, auch wenn seine Reklamation zu Unrecht besteht, die Wahrnehmung des Kunden. Er kann dann zuerst einmal Dampf ablassen und ist dann weitaus gelassener, wenn Sie seine Kritik zurückweisen sollten. Insgesamt müssen Sie mit dem Kunden zusammen drei Zeitperspektiven einnehmen: den Blick in die Vergangenheit, in die Gegenwart und in die Zukunft.

Beenden Sie ein Reklamationsgespräch immer positiv: „Ich bin sicher, daß Sie mit uns in Zukunft Gewinne machen werden."

Der Blick in die Vergangenheit dient der Kritik an Ihrer Arbeit, der Grund für die Reklamation wird analysiert. Eventuelle Mängel werden diskutiert und bei berechtigter Kritik von Ihnen anerkannt. Der zweite Blick, der in die Gegenwart, dient der Festlegung von Schadenersatzansprüchen. Sie und Ihr Kunde überlegen gemeinsam, wie der Verlust, den Sie bereits anerkannt haben, wieder ausgeglichen werden kann. Wurde eine Einigung in bezug auf die Ausgleichsleistungen erzielt, blicken sie gemeinsam in die Zukunft. Sie wenden sich jetzt von dem faktisch Gegebenen ab und machen sich Gedanken über die zukünftige Zusammenarbeit, über das, was Sie in Zukunft besser machen können, über eine gemeinsame Vision. Bei Ihrem Kunden entsteht die Hoffnung, daß das nächste Projekt in seinem Sinne verlaufen wird. Sie haben gewonnen.

59. Individuelle Kundenkommunikation

Problem	**M**it ein paar Geschäftspartnern verstehen Sie sich nicht so gut, wie Sie eigentlich sollten.
Ziel	**V**erdeutlichen Sie sich, mit welchen „Typen" Sie grundsätzlich gut und mit welchen Sie weniger gut kommunizieren können.

Kommunikation ist zwischenmenschliche Verständigung, abgeleitet vom lateinischen „communicare" – sich besprechen mit. Die tägliche Kommunikation erleben wir zwar nicht immer gerade als „Ur-Unglück für das Selbstsein durch die Angewiesenheit auf den Umgang mit anderen", wie dies ein kluger Philosoph tat, doch empfinden wir durchaus einige Gespräche als unglücklich, weil wir einfach mit dem jeweiligen Gesprächspartner nicht so gut können. Mit anderen hingegen läuft jede Unterredung wunderbar und trägt wirklich auch zu unserer Unterhaltung bei.

Wenn Sie sich Ihre Kunden anschauen, werden Sie schnell kategorisieren können, mit wem Sie sich gut verstehen, mit wem weniger gut, wem Sie neutral gegenüberstehen, mit wem Sie sich nicht verstehen und wen Sie als paranoid empfinden. Das Spektrum, das sich aus einer solchen Kategorisierung ergibt, ist auch ein Spiegel Ihrer Persönlichkeit, bei jedem sieht dieses Spektrum an kommunikativen Vorlieben anders aus. Der eine quasselt gerne mit extrovertierten „Kaffeetanten", der andere mag lieber die stillen Zeitgenossen, die wenig sagen, dafür aber vielleicht mehr Tiefgang haben.

Um mit möglichst vielen Kundentypen umgehen zu können, müssen Sie über ein großes kommunikatives Integrationspotential verfügen, das heißt, Sie sollten sich auch mit den Kunden, denen Sie neutral gegenüberstehen, in einer angenehmen Atmosphäre unterhalten können, Sie sollten sogar mit den Kunden, die Ihnen vom Typ her recht wenig liegen, ein gutes Verkaufsgespräch führen können. Ein kleiner

Prozentsatz an Kunden wird allerdings immer übrig bleiben, bei dem jeder Versuch, eine angenehme Kommunikation zustande zu bringe, zum Scheitern verurteilt ist: Reißen Sie sich dann kein Bein aus, überlegen Sie sich lieber, ob Sie nicht auf diesen Kunden verzichten könnten.

Der beste Weg, andere an uns zu interessieren, ist der,
an ihnen interessiert zu sein.

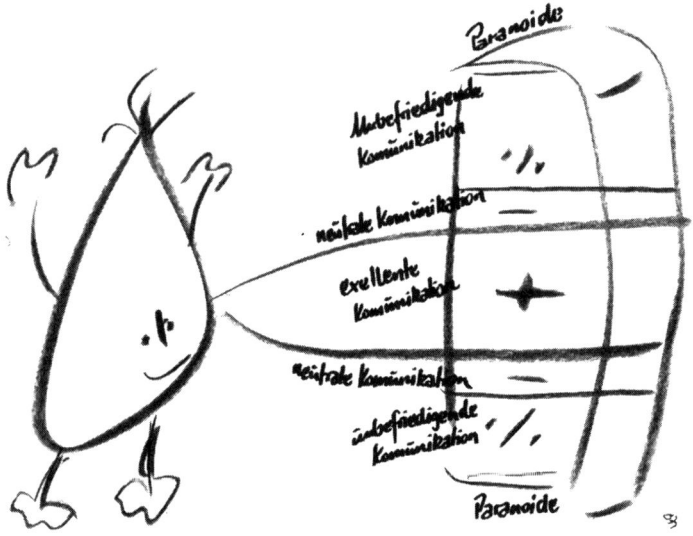

Wie sieht Ihr individuelles Kommunikationsspektrum aus?

Um jeden Kundentyp optimal ansprechen zu können, sollten Sie auch Ihre Vertriebsmannschaft entsprechend zusammenstellen. Achten Sie darauf, daß Sie neben einem Hans Dampf auch einen ruhigeren Zeitgenossen haben. Ordnen Sie Ihren Mitarbeitern dann die entsprechenden Kunden zu. Dies ist vor allem im Key-Account-Management entscheidend, wo es nicht darauf ankommt, eine bestimmte Fläche abzugrasen, sondern wo der individuelle Kundenkontakt im Mittelpunkt steht, der genau auf die Ansprüche des Kunden zugeschnitten ist.

60. Aktives Kundenmanagement mit der Erfolgsmatrix

Problem	Ihre Zeitbudgets für Ihr Kundenmanagement verteilen Sie eher nach dem Gießkannenprinzip.
Ziel	Bilden Sie Kundensegmente, denen Sie je nach Bedeutung bestimmte Zeitbudgets zuordnen können.

Um ein erfolgreiches Kundenmanagement zu betreiben, müssen Sie stets wissen, welchen Kunden beziehungsweise Kundengruppen Sie wieviel Zeit und Einsatz widmen. Sie müssen über ein Instrument verfügen, mit dessen Hilfe Sie Kundensegmente bilden können, um diesen Segmenten dann paßgenaue Strategien zuzuordnen. Ein solches Instrument ist die Erfolgsmatrix.

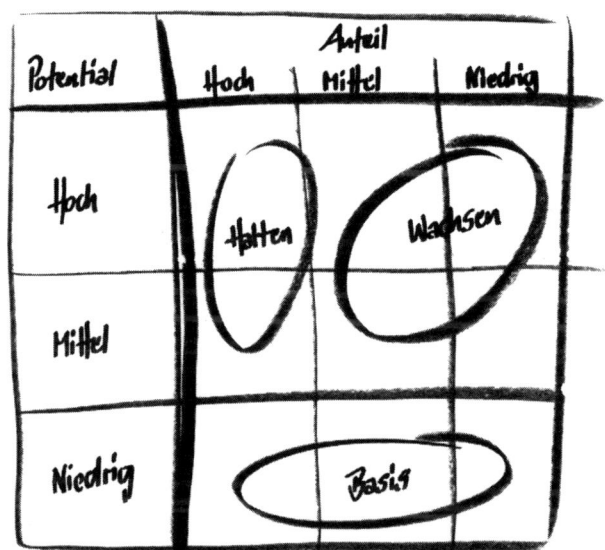

Strategisches Kundenmanagement mit der Erfolgsmatrix

Teilen Sie zunächst Ihre Kunden in drei Klassen: solche mit hohem, solche mit mittlerem und solche mit niedrigem Kaufpotential. Welche Beträge die jeweiligen Klassen umfassen, ist von Ihrem Unternehmen abhängig. Überlegen Sie sich jetzt, wie hoch Ihr jeweiliger Lieferanteil ist. Bilden Sie auch hierfür drei Klassen. Über einen hohen Lieferanteil verfügen die Kunden, deren Potential Sie mit mehr als 60 Prozent ausschöpfen. Bei diesen Kunden können Sie nicht mehr viel bewegen. Bei diesen Kunden – es sind Ihre Haltekunden – gilt es, das erreichte Niveau zu stabilisieren!

Wachstumskunden sind diejenigen, die über ein relativ hohes Potential verfügen, bei denen Ihr Lieferanteil jedoch noch recht niedrig ist. Hier ist noch einiges zu holen. Ein reiches Feld für Ihren Außendienst!

Ein Verkäufer zum anderen: „Heute habe ich jede Menge neue Freunde gewonnen." – „Dann geht es dir wie mir", meint der andere. „Ich habe heute auch nichts verkauft."

Diejenigen Kunden, die selbst nur über ein geringes Potential verfügen, dürfen Sie nicht links liegen lassen. Ihre Akquisitionsarbeit sollte nur mit anderen Mitteln erfolgen. Um Ihrem Außendienst genügend Zeit für die erfolgversprechendere Arbeit mit Halte- und Wachstumskunden zu lassen, sollten die „übriggebliebenen" Basiskunden lediglich mit den Tools Direct Mailing und Telefonakquise angegangen werden. Sie können es durchaus verkraften, wenn der eine oder andere abspringt, wenn es ihm an direkter Ansprache fehlt. Sie können es sich aber nicht leisten, einen Halte- oder Wachstumskunden zu verlieren, nur weil Ihr Außendienst sich auch noch um die Basiskunden kümmern muß.

61. Das Unternehmen im Markt *oder* Das Sandwich

Problem	Ein Unternehmen konzentriert sich zu sehr auf den Overhead.
Ziel	Es soll auf die Bedeutung der Produkt-Markt-Prozesse hingewiesen werden.

Das Marktgeschehen scheint ein großer Lebensmittelladen zu sein. Es geht um die Wurst, jeder will etwas vom großen Kuchen abhaben, und manche Leben wie die Maden im Speck. Das gesamte Marktgeschehen kann aber auch mit einem Sandwich verglichen werden.

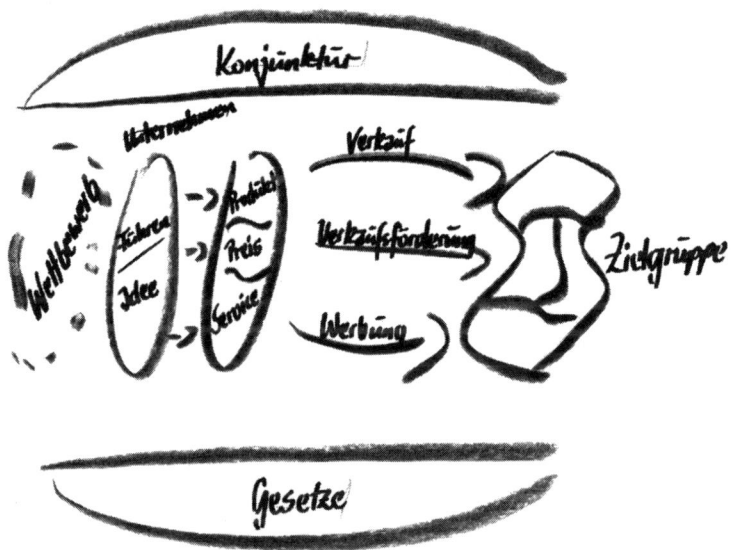

Das Marktgeschehen gleicht einem riesigen Sandwich

Der obere Teil des Sandwiches ist das Unternehmen mit seinen Strukturen und Prozessen. Der mittlere Teil besteht aus dem Produkt oder der Produktidee, dem Preis und dem Service sowie dem Produkt- beziehungsweise Marketingteam. Zum mittleren Teil gehören auch sämtliche Verkaufs- und Marketingprozesse, also beispielsweise Werbung, direkter Vertrieb und Verkaufsförderung und der nach Zielgruppen strukturierte Markt. Das Unternehmen, der „obere" Teil, ist die Summe der Rahmenbedingungen, die ein reibungsloses Funktionieren des „mittleren" Teils gewährleisten. Der mittlere Teil setzt direkt auf dem dritten Teil auf, der Umwelt des Unternehmens, den gesetzlichen Sanktionen und der konjunkturellen Situation.

Wer ein zentrales Problem seiner Kunden sichtbar besser löst als die Konkurrenz, kann seinen Erfolg nicht mehr verhindern.

Nach diesem Modell sind Unternehmen und Umwelt somit „nur" Rahmenbedingungen für die Produkt-Markt-Prozesse. Das Unternehmen wird als Overhead verstanden, der primär als Dienstleister für die Produkt-Markt-Komponente dient. Im Mittelpunkt dieses Modells steht somit nicht der isolierte Kunde, sondern ein komplexes Gebilde, Kundenorientierung muß durch Produkt-/Marktorientierung ersetzt werden. Die Umwelt wird auf die Faktoren reduziert, die vom Unternehmen nicht direkt oder nur in langfristigen Prozessen beeinflußt werden können.

62. Kundenmanagement durch Prioritäten

Problem	Sie verzetteln sich regelmäßig mit diversen Jobs.
Ziel	Ordnen Sie Ihre Aufgaben nach Prioritäten.

Egal, womit wir uns beschäftigen, wir müssen immer Kategorisierungen schaffen, um durch die daraus resultierende Ordnung unsere Ressourcen gezielt einsetzen zu können. Wer gute und schlechte Kunden, interessante und uninteressante Marktsegmente, dringende und weniger dringende Aufgaben in einen Topf wirft, der weiß wirklich, was das Gegenteil von Ordnung ist: das vollständige Chaos. Und ein solches Chaos ist sehr kostenintensiv, es verschlingt sowohl Zeit als auch Geld, und es verschlingt auch Ihre Erfolgspotentiale.

Deshalb heißt es: Ordnung schaffen. Ein bewährtes Instrument, um Ihr Zeitmanagement oder Ihre Organisation zu ordnen und auf Vordermann zu bringen, ist die sogenannte ABC-Analyse. Mit ihrer Hilfe lassen sich drei Kategorien bilden:

▶ A: wichtig

▶ B: nicht so wichtig

▶ C: nebensächlich

Das Wichtige bedenkt man nie genug.   *Johann Wolfgang von Goethe*

Nehmen Sie zum Beispiel Ihre Akquisitionsarbeit. Um ein erfolgreiches Neukundenmanagement zu betreiben, können Sie nicht alle potentiellen Kunden gleich behandeln, allen gleich viel Zeit widmen, und alle mit denselben Kommunikationstools angehen. Bilden Sie Gruppen entsprechend der Kategorien der ABC-Analyse. Planen Sie entsprechend dieser Gruppen Ihre Akquisitionsarbeit. Unternehmen, die Sie unter A einordnen, sollten Sie in einem Drei-Stufen-Plan angehen: 1. Direct Mailing, 2. Telefonat, 3. Kundenbesuch. Unternehmen, die unter C auftauchen, sollten Sie lediglich in regelmäßigen Abständen mit Mailings versorgen. Eine intensive Akquisitionsarbeit würde Sie nur zuviel Zeit kosten, die Ihnen dann für die A- oder B-Kunden fehlen könnte.

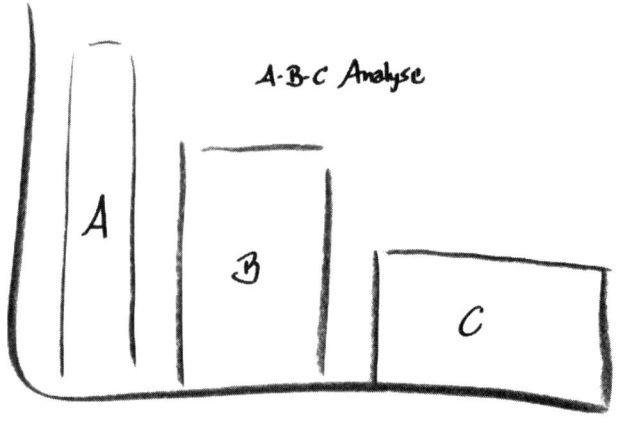

Systematisches Vorgehen mit der ABC-Analyse

Natürlich können Sie auch mehrdimensionale Kategorien bilden. Neben dem Wert „Bedeutung" kann auch der Wert „Dringlichkeit" verwendet werden, gerade auch bei der Akquisitionsarbeit. Es kann durchaus sein, daß ein Mailing an Ihre C-Kunden dringender ist als eine aktuelle Nachfaßaktion bei einem B-Kunden, den Sie aber insgesamt intensiver „beackern" wollen, als den grundsätzlich weniger interessanten Kundenkreis. Es ergibt sich dann ein Ranking, wobei Zahlen (Dringlichkeit) vor Buchstaben (Bedeutung) rangieren.

63. Das Pareto-Prinzip

Problem	Sie kümmern sich mit derselben Mühe um alle Ihre Kunden, egal, welches Umsatzpotential jeweils dahintersteckt.
Ziel	Konzentrieren Sie sich auf die Kunden, die Ihnen die dicksten Gewinne bescheren.

Bei der Verteilung Ihrer Ressourcen, Ihres Zeit- und Geldeinsatzes, sollten Sie nicht den Zufall oder irgendwelche Vorlieben walten lassen, sondern eine erfolgsorientierte Systematik. So kann zum Beispiel bei der Optimierung Ihres Stammkundenmanagements das Pareto-Prinzip sehr hilfreich sein. Dieses Prinzip besagt, daß Sie mit 20 Prozent Ihrer Kunden 80 Prozent Ihres Umsatzes generieren.

Ressourcenverteilung nach dem Pareto-Prinzip

Auch mit bescheidenen Ressourcen kann man eine ganze Menge erreichen: Mit einem einzigen Bleistift kann man eine über 50 Kilometer lange Linie ziehen.

Verfügen Sie über einen Kundenstamm von 200 Kunden, machen Sie Ihr Geschäft mit ganzen 40! Und auf diese 40 Kunden sollten Sie sich konzentrieren. Wenn Ihnen aus dem 80-Prozent-Feld ein Kunde wegbricht, weil er sich zuwenig umsorgt fühlt, ist dies weniger dramatisch, als wenn ein Kunde aus dem 20-Prozent-Feld sich vernachlässigt fühlt, weil sich Ihr Außendienst mit diversen „special friends", die aber kaum Umsatz bringen, zu intensiv beschäftigt. Ihren Einsatz sollten Sie also ebenfalls entsprechend gewichten: 80 Prozent sollten der Spitzengruppe gehören und 20 Prozent dem breiten Feld.

Untersuchen Sie doch auch einmal die Erfolgsverteilung in anderen Bereichen Ihres Unternehmens. Welche Unternehmensprozesse tragen in welchem Umfang zur gesamten Wertschöpfung bei? Wieviel Prozent Ihrer Mitarbeiter sind für wieviel Prozent der Unternehmenserfolge verantwortlich?

Die Pareto-Analyse sollte natürlich nicht nur den aktuellen Status berücksichtigen, sondern auch Tendenzen und Entwicklungspotentiale. Beobachten Sie genau die Entwicklung der einzelnen Unternehmen im 80-Prozent-Feld. Es gibt immer auch in diesem Feld „high potentials", die in die Spitzengruppe aufrücken können, um von dort andere Unternehmen auf die Ränge zu verweisen. An der Gesamtverteilung ändert dies nichts. Nach wie vor werden 20 Prozent der Kunden für 80 Prozent des Umsatzes stehen.

64. Neue Marktsegmente erkunden

Problem	Sie grasen regelmäßig die gleichen Märkte ab.
Ziel	Sehen Sie sich doch auch einmal in Ihrem näheren Umfeld um.

In Ihrer Wohnung oder in Ihrem Haus kennen Sie sich doch bestimmt bestens aus. Sie kennen den Keller, die Wohnräume, Bad, Küche bis hin zum Dachboden.

Doch wie steht es mit den Möglichkeiten Ihres Unternehmens, kennen Sie sich da genausogut aus? Überlegen Sie sich doch einmal, vielleicht sitzen Sie mit Ihrem Unternehmen immer noch im Keller und wissen noch nicht einmal, daß es noch andere Zimmer zu erkunden gibt. Also, machen Sie sich auf den Weg, raus aus dem dunklen Keller und nach oben!

Das Spannende bei dieser Entdeckungsreise ist, daß Sie nicht neue Kellerräume auf einem höheren Niveau betreten werden, sondern völlig andere Bereiche. Wenn Sie als mittelständisches Unternehmen Schrauben herstellen und vertreiben, werden Sie, wenn Sie die Treppe nach oben steigen, nicht einfach viel mehr und viel bessere Schrauben herstellen, sondern Sie werden vielleicht mit dem Anbieten komplexerer Komponenten ganz neue Marktsegmente erschließen.

Machen Sie es allen recht, aber nicht billig.

Insgesamt bieten sich auch bei Ihrem Weg nach oben ganz neue Entwicklungsmöglichkeiten. Wenn Sie im Keller sitzen, können Sie von den Zimmern im dritten Stock mit der großartigen Aussicht vorerst nur Träumen. Wenn Sie sich aber kontinuierlich das gesamte Haus aneignen und sich bald auch im zweiten Stock eingerichtet haben, ist der dritte Stock ein leicht zu erreichendes Ziel.

Achten Sie aber immer darauf, daß Sie sich im ganzen Haus bewegen können. Sie werden immer auf ein solides Fundament, auf die Kellerräume, angewiesen sein. Lassen Sie keine Untermieter in Zimmer, die für Sie elementar wichtig sind: Das Bad und die Küche gehören alleine Ihnen.

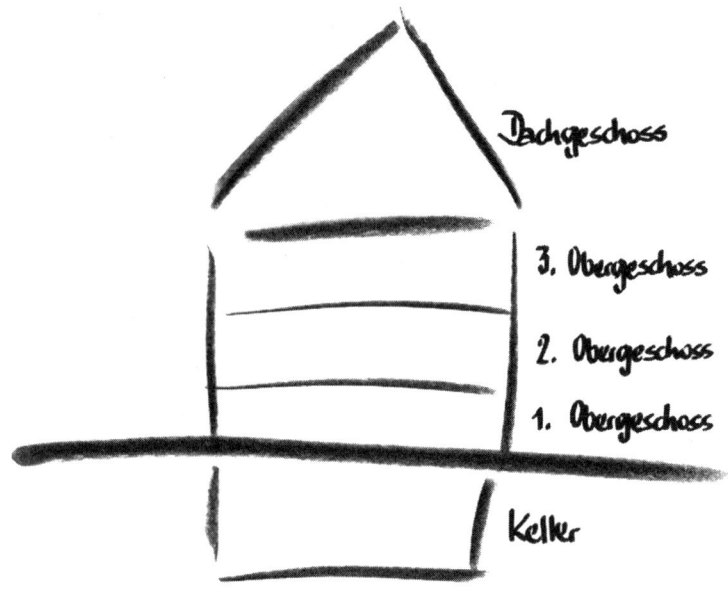

Sitzen Sie immer noch im Keller?

65. Positionierung durch Konzentration

Problem	Ihr Unternehmen versucht, in einem harten Markt ohne eindeutige Positionierung Fuß zu fassen.
Ziel	Es muß auf die Notwendigkeit von Profilierung und Konzentration der Kompetenzen hingewiesen werden.

Nicht nur Heimwerker wissen: Eine stumpfe Schraube kann man auch nicht in das weichste Holz nageln, einen sehr spitzen Nagel klopft man relativ leicht auch in das härteste Brett.

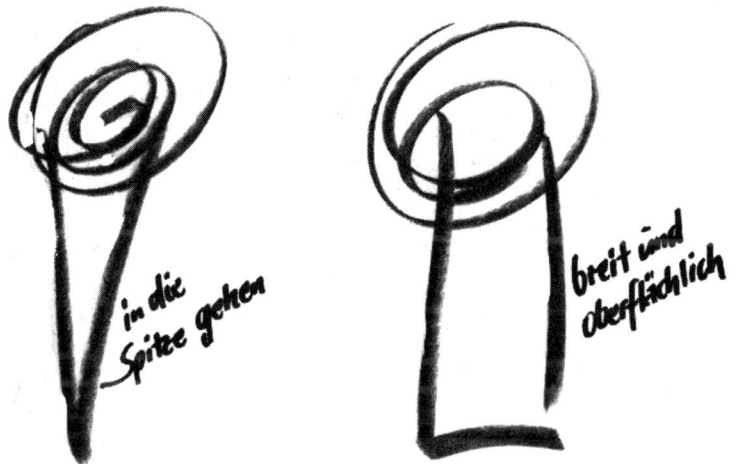

Mit einem spitzen Nagel geht es leichter

Um in harte Märkte einzudringen, benötigt ein Unternehmen ebenfalls einen spitzen Nagel, sprich sehr deutlich profilierte Kernkompetenzen. Die Kraft Ihres Unternehmens richtet sich dann auf einen sehr kleinen Punkt. Wenn ein Markt dicht ist, kommt man anders nicht weiter. An dichten Marktstrukturen prallen allgemeine Leistungsprofile meistens ab. Nichts gegen Diversifikationsstrategien, im Gegenteil. Dann müssen Sie eben versuchen, mehrere Nägel in den Markt zu nageln.

Du wirst das bekommen, worauf du dich konzentrierst.

Auch die spitzesten Nägel werden nach ein paar Millimetern etwas breiter. Unternehmen, die sich mit einer „spitzen" Positionierung in den Markt genagelt haben, können dann problemlos auch gegenüber den Mitbewerbern etwas schwächer differenzierte Produkte oder Dienstleistungen „nachschieben". Marketing-Strategien sollten immer beides bieten, profilierte Kernkompetenzen und Standard-Leistungsportfolios.

6 Kommunikation: Unsere Sprache ist unsere Welt

66. Dem Kompromiß eine Chance

Problem	Interne Konkurrenz schwächt das Unternehmen.
Ziel	Es soll für das Konzept des Kompromisses plädiert werden.

Demokratie heißt, daß jeder ein Gewissen für das Ganze haben soll.

Eduard Spranger

Viele Unternehmen setzen auf das Prinzip der internen Konkurrenz, um ähnlich ausgerichtete Unternehmenseinheiten zu Höchstleistungen anzuspornen. Grundsätzlich ist Konkurrenz tatsächlich nicht unvernünftig, sie sollte jedoch immer durch das demokratische Prinzip des Kompromisses gesteuert werden. Eine Unternehmenseinheit, die eine andere „ausschaltet", schwächt das Unternehmen als Ganzes. Nehmen Sie beispielsweise einen Computerhersteller, der Midrange-Systeme herstellt und vertreibt, die als Abteilungsrechner die Terminals sämtlicher Mitarbeiter mit Rechnerleistung versorgen. Parallel dazu bietet das Unternehmen aber auch Client-Server-Architekturen an, also die Vernetzung von Arbeitsplatzrechnern und Rechnern, die als zentrale Datenbanken mehrere Arbeitsplatzrechner mit Standarddaten versorgen. Beide Systeme sollen an mittelständische Unternehmen verkauft werden. Zwischen den beiden Unternehmensbereichen herrscht Konkurrenz. Von der etwas verwirrenden Außenwirkung eines solchen Gebarens einmal abgesehen, ergibt sich der große Nachteil, daß kein Interessenausgleich stattfinden kann. Diese Konstellation läuft in der Regel auf ein Nullsummenspiel hinaus: Einer wird gewinnen, einer wird verlieren. Die Summe null kann das Unternehmen dann für sich verbuchen. Kein erfreuliches Ergebnis. Insgesamt kann das Unternehmen nur einen Gewinn verbuchen, wenn interne, gegenläufige Interessen mit einer Gewinner-Gewinner-Strategie harmonisiert werden. Und dies geschieht eben durch Kompromisse. Pluralistische, also demokratische Systeme sind am besten dazu geeignet, Kompromisse, also den Ausgleich von Interessengegensätzen, zu verwirklichen. „Die besten Kompromisse werden offenbar im Phasenübergang zwischen Ordnung und Chaos erzielt." Dieses Zitat aus dem jüngsten Buch des Naturwissenschaftlers Stuart Kauffman („Der Öltropfen im Wasser") weist auf die Notwendigkeit hin, Unternehmen weder als diktatorische Systeme mit einem hohen Ordnungsgrad zu gestalten, noch als anarchistische Systeme mit einem hohen Freiheitsgrad, sondern als demokratische Systeme, die sich auch in dieser Beziehung am Chaosrand bewegen. Diktatorische Systeme sorgen schnell für Ordnung, es findet kein wirklicher Interessenausgleich statt. Anarchistische Systeme gelangen nie zu einem Kompromiß, weil es an den entsprechenden regulativen Konventionen fehlt. Demokratische Systeme brauchen zwar eine gewisse Zeit, um Kompromisse auszuhandeln, aber nur so können alle beteiligten Parteien gewinnen.

Fitneßlandschaft mit adaptiven koevolutionären Systemen

Das Gewinnen einer Partei kommt einer erfolgreichen Anpassung an ihre Umwelt gleich. Sie hat sich gleichsam in einem evolutiven Prozeß ihrer Umwelt angepaßt beziehungsweise sich dieser adaptiert. Dadurch, daß bei Kompromissen mehrere Parteien beteiligt sind, handelt es sich um einen sogenannten koevolutiven adaptiven Prozeß. Stuart

Kaufmann verwendet hierfür in einem ähnlichen Zusammenhang das Bild der Fitneßlandschaft.

Eine Fitneßlandschaft ist das Terrain, durch das sich adaptive koevolutionäre Systeme bewegen. Die Höhe der Gipfel gibt jeweils an, welchen Grad der Anpassung das einzelne System erreicht hat. Kompromisse sorgen somit für eine ausgeglichene Hügellandschaft.

67. Kontroversen effektiv managen: Moderation und Integration

Problem	Unterschiedliche Ansichten werden auf eine einzige reduziert.
Ziel	Unterschiedliche Meinungen sollen in eine einzige integriert werden.

Moderatoren haben in Meetings die vielfältigsten Aufgaben. Sie müssen darauf achten, daß die Agenda und der Terminplan eingehalten werden. Sie müssen zwischen unterschiedlichen Charakteren vermitteln und beispielsweise darauf achten, daß der etwas zurückhaltendere Leiter der Forschungsabteilung nicht vom Marketingchef in Grund und Boden gequasselt wird. Ihre wichtigste Aufgabe ist es aber, unterschiedliche Meinungen so zu verbinden, daß schließlich alle zu dem Ergebnis ja sagen können. Das Ergebnis einer vom Moderator gesteuerten Argumentation wird in den meisten Fällen keiner der einzelnen Meinungen gleichen.

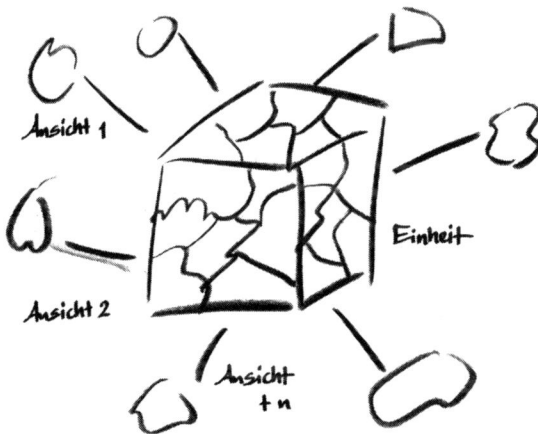

Einzelne Ansichten werden zu einem komplexen Ergebnis zusammengefügt

Ein solcher Moderationsprozeß läßt sich mit dem Zusammensetzen einzelner verschiedener Flächen zu einem räumlichen Körper vergleichen, also mit einem Wechsel von der zweiten in die dritte Dimension. Die einzelnen Ansichten werden zu einem komplexen Ganzen verbunden. Auch hier wird wieder der Vorzug des demokratisch ausgehandelten Kompromisses deutlich, der die Grundlage eines Ergebnisses darstellt, das mehr ist als die Summe seiner Teile.

Um gute Mitarbeiter zu werden, müssen wir das rechte Zuhören lernen, damit wir dadurch anderen helfen können. To-Sheng Nee

Auf genau dieselbe Weise funktionieren außerdem auch integrierte Managementkonzepte. Während sequentielle Managementkonzepte linear den Weg von der Forschung und Entwicklung über die Produktion bis hin zu Marketing und Vertrieb vollziehen, also im übertragenen Sinne bis kurz vor dem Markteintritt in der zweiten Dimension bleiben, verbindet ein integriertes Management die einzelnen Ebenen zum frühest möglichen Zeitpunkt zu einem komplexen Gebilde. Der Vorteil der Paßgenauigkeit liegt auf der Hand. Das dreidimensionale Gebilde, das hier entsteht, ist natürlich nicht nur das Produkt, sondern das Gesamtpaket der Ergebnisse aller Kernprozesse. Der Manager, der integrierte Prozesse steuert, hat somit die klassische Aufgabe eines Moderators.

Nehmen Sie zum Beispiel auch die Organisation des Umweltschutzes. Herkömmliche Verfahren lassen Abfallprodukte zuerst entstehen und beseitigen diese dann so gut es eben geht mit Hilfe von sogenannten End-of-Pipe-Technologies, also mit Techniken, die am Ende des Produktionsprozesses aufsetzen. Hier wird die zweite Dimension erst gar nicht verlassen. Konzepte des integrierten Umweltschutzes hingegen setzen so früh wie möglich ein, um das Entstehen von Abfallprodukten zu vermeiden. Auch diese Integration führt zu einem dreidimensionalen Gebilde.

Ob Kommunikation oder Managementprozesse, man muß immer Verständnis für die anderen Beteiligten aufbringen, um den Sprung in eine höhere „Dimension" zu schaffen.

68. Meetings moderieren:
Wenn zwei sich streiten

Problem	In einem Meeting werden zwei unterschiedliche Meinungen vertreten.
Ziel	Es soll auf die Notwendigkeit einer dritten Position hingewiesen werden.

Nur das Ergebnis deiner Kommunikation zeigt dir, wie gut sie war.

Regelmäßig gibt es Meetings, in denen gegensätzliche Meinungen aufeinander treffen. Schädlich ist es für die gemeinsame Sache, wenn sich die „Kontrahenten" ihre Argumente um die Ohren hauen, ohne auf den Standpunkt des anderen richtig einzugehen. Dem gemeinsamen Ziel ist es jedoch sehr dienlich, wenn versucht wird, im Verlauf der Argumentation das Gemeinsame herauszuarbeiten, das beide Positionen verbindet. Ein Minimalkonsens sollte zum Beispiel hinsichtlich des Ziels, das erreicht werden soll, bestehen. Von diesem Konsens kann dann ausgegangen werden, um eine gemeinsame dritte Position zu finden. In Streitgesprächen, aber auch in harmonischeren Unterhaltungen, ist es dabei immer wichtig, die bestehende oder erreichte Einigkeit zu hinterfragen. Denn nicht immer, wenn die Gesprächsteilnehmer glauben, Einigkeit erzielt zu haben, besteht diese tatsächlich.

In der Kommunikationstheorie wurde hierfür der Begriff der Scheineinigkeit geprägt. Wenn Sie sich beispielsweise mit Ihrem Gesprächspartner einigen, die Organisation zu optimieren, muß das für Sie beide noch lange nicht dasselbe bedeuten. Genauso gibt es aber auch das Phänomen der Scheinuneinigkeit. Oft sind zwei Positionen, die auf den ersten Blick sogar unvereinbar erscheinen, sich sehr ähnlich. Oft meinen zwei Gesprächspartner dasselbe und drücken sich nur verschieden aus.

Die beiden „Tools", um Scheineinigkeit und Scheinuneinigkeit aufzudecken, sind Präzisierung und Spezifizierung, ein klassisches Anwendungsgebiet für Fragetechniken.

In Gruppengesprächen kann die dritte Position auch von einem anderen Gesprächspartner eingenommen werden. Ist dies zum Beispiel der Chef, stehen ein paar Möglichkeiten offen. Der Vorgesetzte kann eine der beiden strittigen Positionen einnehmen, er kann die Konsensposition einnehmen, oder er kann eine gänzlich verschiedene Position einnehmen. Immer sollte aber das Erreichen eines gemeinsamen Ziels im Vordergrund stehen.

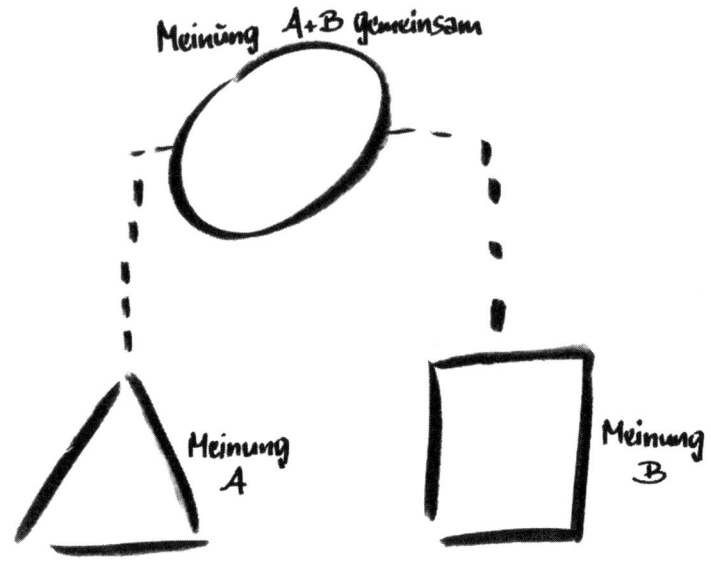

Gegensätzliche Meinungen müssen durch eine dritte Position
verbunden werden

69. Inhalt und Beziehung – Kommunikation auf zwei Ebenen

Problem	Inhaltliche Konflikte können nicht gelöst werden.
Ziel	Es muß geprüft werden, ob nicht unterschwellige Probleme im Gefühlsbereich einer Lösung entgegenstehen.

So manches Meeting zieht sich endlos hin, ohne daß etwas erreicht wird. Fakten reihen sich an Fakten, ein Argumentationsgang folgt dem anderen, doch es bewegt sich letztlich nichts. Wenn Sie in einer solchen Situation stecken, wenn sich inhaltlich nichts bewegen läßt, dann müssen Sie von der Inhalts- auf die Beziehungsebene wechseln. Denn oft sind es unterschwellige Probleme, die auf der Beziehungsebene bestehen, die ein Vorankommen auf der Inhaltsebene behindern. Inhaltliche Argumente können in der Regel immer angegriffen werden, Argumente auf der Beziehungs- oder Gefühlsebene nie.

Zwei Abteilungsleiter, die sich nicht riechen können, weil sie einen unausgetragenen Konflikt mit sich herumschleppen, werden sich in Sachfragen sehr viel weniger einigen als zwei Kumpels, die sich einfach auch menschlich gut verstehen.

Wir gehen vielleicht mit unseren Gefühlen zu sparsam um, leben zu sehr mit Gedanken, und das verdirbt uns. Maksim Gorkij

Beziehungskonflikte können natürlich nicht nur zwischen zwei Menschen, sondern auch zwischen Gruppen bestehen. Zwei Vertriebsmannschaften, die eigentlich durch das gemeinsame Ziel des Unternehmenswohls verbunden sein sollten, erleben sich oft als Konkurrenten. Entsprechende Feindbilder werden gehegt und gepflegt, was sich dann in erfolglosen Problemlösungsprozessen rächt.

Harmonie und Offenheit auf der Gefühlsebene ist ungemein wichtig, um mit vereinten Kräften ein gemeinsames Ziel zu erreichen. Die moderne Gehirnfoschung hat gezeigt, daß rationale Denk- und Problemlösungsprozesse durch emotionale Prädispositionen determiniert, also in bestimmte Bahnen gelenkt werden. Ist die Beziehung zwischen zwei Menschen durch negative Gefühle bestimmt, können sie nur mit sehr hohem Aufwand gemeinsame Ziele entwerfen und realisieren. Menschen, die durch eine positive Beziehung miteinander verbunden sind, bewegen sich gleichsam auch in gemeinsamen Handlungsräumen. Dies heißt natürlich nicht, daß hier Konflikte ausgeschlossen sind. Weil diese aber lediglich inhaltlicher Natur sind, werden sie, getrieben durch den Wunsch, Einigkeit zu erzielen, relativ schnell gelöst.

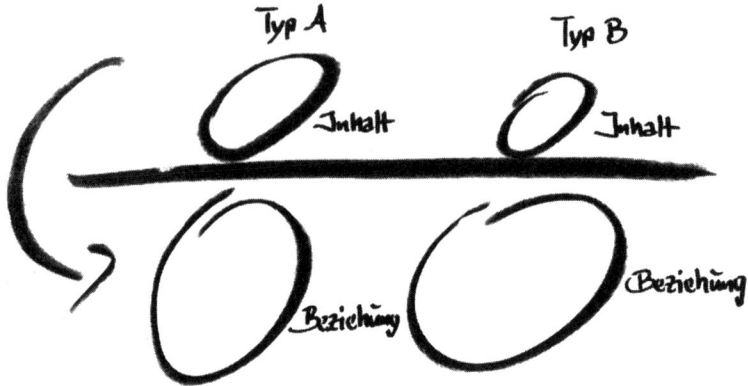

Inhalts- und Beziehungsebene sind durch intensive Wechselwirkung miteinander verbunden

Für einen Teamcoach ist es dehalb zum Beispiel auch eine vorrangige Aufgabe, dafür zu sorgen, daß sich die einzelnen Teammitglieder gut verstehen, daß es keine unterschwelligen persönlichen Konflikte gibt oder daß gegebenenfalls Konflikte offen ausgesprochen und gemeinsam gelöst werden. Kann zwischen zwei Teammitgliedern grundsätzlich keine menschliche Harmonie hergestellt werden, sollte einer von ihnen das Team wechseln und in einer Gruppe aktiv werden, die seinem Gefühlshaushalt entspricht.

70. Vorträge mit Power

Problem	Ihre Mitarbeiter sind keine geborenen Rhetoriker.
Ziel	Sie möchten Ihre Mitarbeiter für die Strukturierung von Vorträgen sensibilisieren.

Regelmäßig hören wir uns Vorträge an, regelmäßig werden hervorragende Inhalte präsentiert, und genauso regelmäßig sind wir auch spätestens nach zwanzig Minuten am Einschlafen. Hieran ist nicht nur das Dämmerlicht Schuld, das in den meisten Vortragsräumen herrscht, oder die schlechte Luft, sondern oft auch die Art der Darbietung der Inhalte.

Die meisten Vorträge plätschern so dahin, wie ein monoton murmelnder Bach – die sedative Wirkung ist unvermeidbar. Ebenso unvermeidbar ist, daß sich die Zuhörer nach dem Vortrag bestenfalls noch an den Namen des Referenten und ungefähr an das Thema erinnern können, nicht jedoch an die einzelnen Inhalte. Nur Meister der Selbstbeherrschung vermögen konzentriert solchen Darbietungen zu folgen. Eigentlich müßte im Programm ein Hinweis zu „Risiken und Nebenwirkungen" stehen.

Wenn Sie mit einem Vortrag Ihre Zuhörer informieren, gewinnen und überzeugen wollen, müssen Sie die Inhalte entsprechend einem wichtigen Gesetz der Wahrnehmungspsychologie darbieten, das besagt: Spannung aufbauen. Spannung aufbauen heißt, Interesse wecken an dem, was gesagt wird, und Neugierde erzeugen auf das, was folgen wird. Wichtig ist vor allem, daß Sie Ihren Vortrag mit einer Spannungsspitze beginnen und beenden. Anzahl und Höhe der Spannungsbögen, die zwischen Einstieg und Schluß liegen, hängen von der Länge Ihres Vortrags ab.

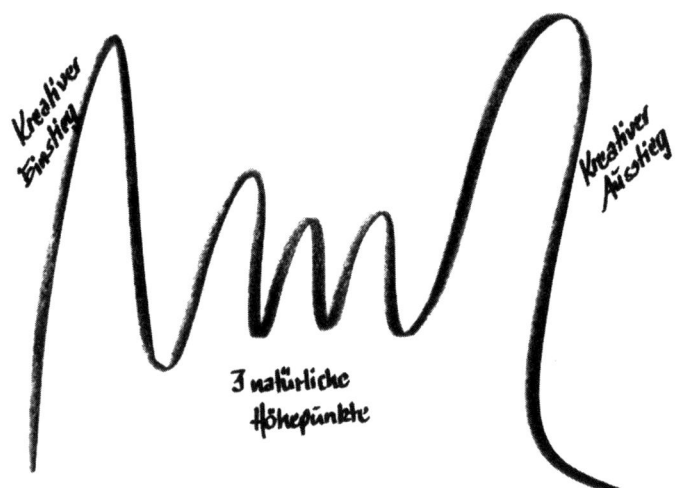

Wecken Sie das Interesse Ihrer Zuhörer durch Spannungsbögen

Eine gute Rede hat einen Anfang und ein Ende und einen möglichst kleinen Abstand zwischen diesen beiden.

Geben Sie Ihrem Vortrag eine klare inhaltliche Struktur. Der „rote Faden" muß für die Zuhörerschaft deutlich erkennbar sein. Weisen Sie zu Beginn, um den ersten Spannungsbogen aufzubauen, auf das hin, was Sie sagen wollen, und vor allem auf die Bedeutung dessen, was Sie sagen wollen. „Ich werde Ihnen in der nächsten Stunde drei verschiedene Lösungsansätze präsentieren, mit deren Hilfe Sie die Produktionsprozesse Ihres Unternehmens optimieren können, nämlich a, b, und c." Wecken Sie Neugierde: „Sie werden erstaunt sein, mit welch einfachen Mitteln schon enorme Effizienzvorteile zu erreichen sind." Verwenden Sie bildhafte Beispiele: „Als ich 1985 bei Kösel und Co., einem mittelständischen Maschinenbauer, die Geschäftsführung übernahm, war ich vor die folgende Aufgabe gestellt …" Gerade die Geschichten aus dem „Nähkästchen" sind hervorragend dazu geeignet, die Zuhörer bei der Stange zu halten. Weisen Sie zu Beginn eines jeden Spannungsbogens also auf die Informationen hin, die Sie vermitteln wollen, präsentieren Sie diese aber immer erst zum Schluß eines Spannungsbogens.

71. Der Globus *oder* Eine Identifikationsperspektive bieten

Problem	Sie möchten Ihren Gesprächspartner gern von Ihrer Meinung überzeugen.
Ziel	Schildern Sie ihm den entsprechenden Sachverhalt aus seiner Perspektive. Er wird sich dann leichter mit Ihrem Vorschlag identifizieren.

Hans Dietrich Genscher, der ehemalige Bundesaußenminister, ist dafür bekannt gewesen, daß er viel reiste. Bei all seinen Reisen zu Außenministerkollegen machte Genscher eine interessante Erfahrung. Jeder seiner Kollegen hatte eine riesige Weltkarte an der Wand hinter dem Schreibtisch. Außenminister sind ja Kosmopoliten, aber jeder hatte seine spezifische Perspektive, seinen regionalen Blick in die Welt. Dieser Perspektive entsprach auch die jeweilige Weltkarte, in deren Mitte natürlich immer genau das Land war, in dem Genscher gerade zu Besuch war. War er in der UdSSR, war die UdSSR in der Mitte, war er in den USA, waren diese im „Zentrum der Welt".

Wer so spricht, daß er verstanden wird, spricht gut.

Für den jeweiligen Gast kann es natürlich schon befremdend sein, wenn er sein Land perspektivisch stark verkürzt in einer Ecke einer solchen Weltkarte entdecken konnte. Hans Dietrich Genscher hat sich deshalb einen Globus auf den Schreibtisch gestellt, also eine Abbildung der Welt, die weitgehend eine proportionale Abbildung der Weltregionen erlaubt, und nicht auf eine perspektivische Darstellung wie eine Weltkarte angewiesen ist. Das Land seines Besuchers hat er dann jeweils so gedreht, daß es diesem zugewandt und für ihn gut erkennbar war. Seine Besucher konnten somit die ihnen gewohnte Perspektive auf die Welt einnehmen.

Flächen-Darstellung   3-D-Darstellung

Weltkarte oder Globus, eine Perspektive oder „alle" Perspektiven

Komplexe Situationen sollten auch als Globus und nicht als Karte verstanden werden. Wenn Sie eine komplexe Situation darstellen, „drehen" Sie diese so, daß sich ein Gesprächspartner darin wiedererkennt, bieten Sie ihm eine Perspektive mit einem hohen Identifikationspotential. Eine Darstellung der Gesamtsituation aus Ihrer Perspektive, die vielleicht genauso viel „Wahrheit" beinhaltet wie die andere, schadet Ihnen, wenn Ihr Ansprechpartner seinen Standpunkt perspektivisch stark verkürzt in einer Ecke Ihrer Darstellung wiederfindet.

72. Mißverständnissen keine Chance geben

Problem	Sie kommen mit einem Gesprächspartner nicht klar.
Ziel	Stellen Sie sicher, daß Sie über dieselbe Sache sprechen.

Wer viel redet, erfährt wenig.

Haben Sie auch bei manchen Gesprächen das Gefühl, daß Ihr Gesprächspartner Sie einfach nicht verstehen will? Zum Beispiel ein Kunde in einem Akquisitionsgespräch, der immer Zustimmung signalisiert zu dem, was Sie sagen, und in der Abschlußphase den Inhalt Ihrer Worte doch völlig anders wiedergibt. Ursache hierfür ist, daß unser Sprachverstehen konstruktiv ist. Das heißt, wir nehmen einen bestimmten Input auf und integrieren ihn in unsere Wissensstrukturen. Input plus Wissensstrukturen zusammen ergeben erst die Bedeutung dessen, was gesagt wird, und die Wissenstrukturen, die Gedächtnisinhalte, die beim Sprechen aktiviert werden, sehen eben bei jedem anders aus.

Ein zweiter Faktor, der zu Mißverständnissen beitragen kann, sind die Strategien, die ein Gesprächsteilnehmer beim Sprachverstehen anwendet. Eine solche Strategie gibt grob die Richtung vor, in der sich der Sprachverstehensprozeß bewegt. Eine solche Strategie resultiert zum Beispiel aus einer bestimmten Unterstellung. Wenn Ihr Gesprächspartner davon überzeugt ist, daß Sie ihn übers Ohr hauen wollen, können Sie sagen, was Sie wollen, er wird sich immer in seiner Ansicht bestätigt fühlen, und wenn Sie ihm die kostenlose Erledigung eines Auftrags anbieten.

Der einfachste Weg, um Mißverständnisse der ersten Art auszuräumen, besteht darin, die relevanten Wissensstrukturen bei Ihrem Gesprächspartner zu aktivieren. Hierzu müssen Sie ihm zunächst einmal den Kontext klarmachen, worüber Sie sprechen möchten. Erst dann, wenn Sie sich sicher sind, daß Einigkeit besteht, worüber gesprochen werden soll, können Sie in die Details gehen.

Um Mißverständnisse der zweiten Art erst gar nicht aufkommen zu lassen, sollten Sie so ehrlich wie möglich sein und die Karten auf den Tisch legen. Sagen Sie Ihrem Gesprächspartner, daß Sie ihm etwas verkaufen wollen. Informieren Sie ihn auch über das Nutzenpotential, das mit dem Geschäft für ihn verbunden ist. Versuchen Sie aber nicht zu verbergen, daß auch Sie materielle Interessen verfolgen. Außendienstler, die gerne als „Berater" auftreten, sorgen bei einem großen Teil ihrer Kunden lediglich für Unverständnis. Ein Außendienstmitarbeiter sollte sich als Verkäufer verstehen und auch so auftreten.

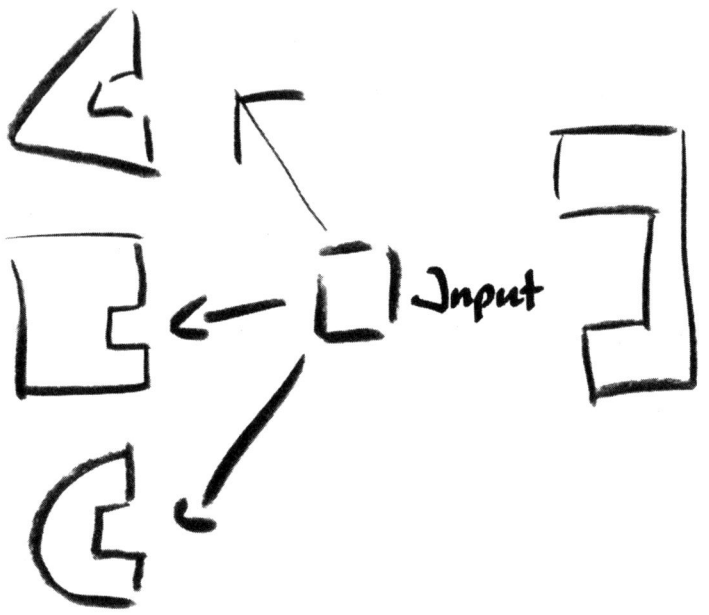

Derselbe Input ergibt mit unterschiedlichen Wissensstrukturen unterschiedliche Bedeutungskomplexe

73. Statements durch Fragen „abklopfen"

Problem	Ein Gesprächspartner verliert sich in allgemeinen Aussagen.
Ziel	Klopfen Sie die Statements mit der Bitte um Präzisierung ab.

War wieder mal ein prima Vortrag, fanden alle, der Referent hatte ja so Recht. Aber warum hatte er Recht? Bei vielen Vortragenden muß die Antwort lauten: Weil er sich auf Allgemeinplätzen aufhielt. Hätte jemand seine Statements hinterfragt, hätte jemand um Präzisierungen gebeten, wäre die Zustimmung vielleicht doch nicht so überragend ausgefallen, entweder weil die präzisierten Antworten doch in eine andere Richtung deuten, als die allgemeine Aussage vermuten ließ, oder weil keine weitere Präzisierung möglich ist, da der Vortrag nur aus heißer Luft besteht.

Sie selbst können mit fünf Fragetypen relativ schnell einen Referenten dazu „zwingen", seine Ausführungen auf den Punkt zu bringen.

▷ Superlative wie „der Größte" und „der Beste" hinterfragen Sie, indem Sie sich nach dem Vergleichsobjekt erkundigen: „Im Vergleich wozu der Beste?"

▷ Generalisierungen wie „immer" und „alle" können Sie durch die Frage nach Ausnahmen entkräften: „Wirklich immer?"

▷ Einengende Regeln wie „muß", „kann nicht" können durch „Was-wäre-aber-wenn"-Fragen angegriffen werden.

▷ Unspezifische Verben oder Adverben wie „schnell" und „viel" können durch eine „Wie-Frage" hinterfragt werden: „Wie schnell?"

▶ Unspezifische und unklare Hauptwörter können durch eine Frage nach der genauen Bedeutung präzisiert werden: „Welche Art von xy meinen Sie?"

Ob ein Mensch klug ist, erkennt man sehr viel besser an seinen Fragen als an seinen Antworten.

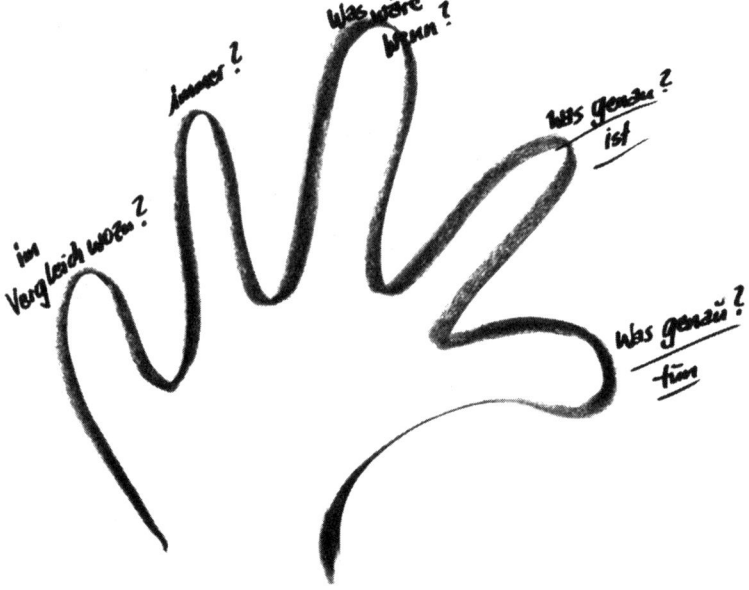

Mit diesen Fragetypen können Sie jeden Vortrag „abklopfen"

7 Projektmanagement: Effektiv im Team

74. Vorsicht Projekterfolg *oder* Der Ikarus-Effekt

Problem	Ein Projekt läuft hervorragend. Der Erfolg kann aber plötzlich ausbleiben.
Ziel	Es soll auf die Gefahr des „Absturzes" hingewiesen werden.

Ikarus, die bekannte Figur aus der griechischen Mythologie, wurde zusammen mit seinem Vater Daidalos, dem legendären athenischen Erfinder, im Labyrinth des Königs Minos auf Kreta gefangengehalten. Er hatte Ariadne, der Tochter des Königs Minos, verraten, wie man mit Hilfe eines Fadens risikolos das Labyrinth betreten und wieder verlassen könnte. Ariadne verriet dies wiederum Theseus, in den sie verliebt war, und verhalf diesem so dazu, den Minotauros, der das Labyrinth bewachte, zu töten.

Der Ikarus-Effekt tritt meistens auf, wenn Projekte zum Höhenflug angesetzt haben

Daidalos wußte keinen anderen Fluchtweg als den durch die Luft, und so bastelte er sich und seinem Sohn Ikarus aus Wachs und Federn

Flügel. Er warnte seinen Filius, nicht zu hoch zu fliegen, damit die Sonne die Flügel nicht verbrennen könne, er warnte ihn aber auch davor, nicht zu tief zu fliegen, damit die Gischt des Meeres seine Flügel nicht zu schwer machen würde. Dem Junior machte das Fliegen aber soviel Spaß, daß er alle Warnungen vergaß und zu hoch flog. Das Ende der Geschichte kennen wir: Die Wärme der Sonne schmolz das Wachs, das die Federn zusammenhielt, und Ikarus stürzte ab und kam in dem Meer um, das heute seinen Namen trägt.

Wie der Flug des Ikarus verlaufen auch oft Projekte, die eine hervorragende Startphase hinter sich haben und äußerst erfolgreich „abheben". Doch gerade dann, wenn alle Zeichen auf Erfolg stehen, müssen Projektmanager höllisch aufpassen. Es ist dann sehr wahrscheinlich, daß die Erfolgskurve einbricht und das Projekt gewissermaßen abstürzt.

Nichts führt so leicht zum Versagen wie der Erfolg. *Aldous Huxley*

Die Gründe dafür sind vielfältig und von Projekt zu Projekt verschieden. So kann es beispielsweise sein, daß der bisherige Projekterfolg aus einem aufreibenden Einsatz des Projektteams resultiert und kurz nacheinander bei den einzelnen Teammitgliedern ganz einfach die Luft raus ist. Ein weiterer wichtiger Grund, vor allem bei langfristigen Projekten, ist, daß in der allgemeinen Begeisterung über den Erfolg „Warnsignale" aus der Umwelt des Unternehmens verharmlost und zu spät in der Projektsteuerung berücksichtigt werden. Wer will bei der Marktausrichtung eines Unternehmens schon gerne schwache Signale zur Kenntnis nehmen, die andeuten, daß die anvisierten Märkte abzurutschen drohen? Erst wenn die Signale deutlicher werden, werden auch die Projektziele, jetzt unter erheblichem Zeitdruck, neu definiert. Das kostet dann natürlich Ressourcen ohne Ende. Der Vergleich mit der Ikarus-Geschichte macht ganz klar deutlich: Projektmanagement sollte nie „abheben" und sich zu weit vom Boden der Tatsachen entfernen. Genausowenig sollte es sich aber, erinnern Sie sich an die Warnug von Daidalos, zu nah dem „Boden" nähern. Wenn sich Projektmanagement zu intensiv mit Erhebungen und Analysen herumschlägt, werden die „Flügel" zu schwer, das Projekt kommt nicht vorwärts und geht schließlich unter. Achten Sie also immer auf die richtige „Flughöhe" Ihrer Projekte.

75. Leistungsplus durch Teamwork

Problem	Oft werden einzelne Aufgaben an „Einzelkämpfer" vergeben.
Ziel	Es soll dafür sensibilisiert werden, daß Teamarbeit weitaus effektiver ist.

Haben Sie schon einmal darüber nachgedacht, was ein Arbeitsteam mit einer Hand gemeinsam hat? Ganz einfach: Mit einem einzelnen Finger können Sie recht wenig anfangen, mit einer Hand, einem „Team" aus fünf Fingern, bekommen Sie, wortwörtlich, so einiges in den Griff.

Leistungsplus durch Teamarbeit

Den gleichen Vorteil bieten in Unternehmen Teams gegenüber Einzelkämpfern. Ein Team leistet ungleich mehr, als isoliert vor sich hin arbeitende Kollegen, auch wenn die Einzelkämpfer zusammen dasselbe Aufgabenspektrum abdecken wie das Team. Dies liegt ganz einfach daran, daß das Ganze, das Team, mehr ist als die bloße Summe seiner Teile. Eine Theorie, die sich mit solchen Zusammenhängen beschäftigt, ist die Systemtheorie. In der Terminologie der Systemtheorie ließe sich ein Team als ein kollektives System beschreiben. Solche Systeme weisen regelmäßig eine bestimmte Eigenschaft auf: Sie sind emergent. Die Emergenz eines Systems ist genau dieses „Mehr", das das Ganze von der Summe seiner Teile unterscheidet.

„Team" sollte nicht stehen für: Toll, ein anderer macht's!

Auch ganze Unternehmensbereiche sind aus strukturell beziehungsweise funktional miteinander verbundenen Teams zusammengesetzt, so daß sich wiederum (jetzt auf einer höheren Systemebene), emergente Eigenschaften ergeben. Die Unternehmensbereiche lassen sich gewissermaßen als Mega-Teams charakterisieren. Die einzelnen Unternehmensbereiche zusammen ergeben schließlich das Team Unternehmen. Die emergente Eigenschaft, die auf dieser Ebene entsteht, ist die eigentliche Kompetenz des Unternehmens. Die Emergenz, die auf dieser Systemebene entsteht, entspricht praktisch der Positionierung des Unternehmens im Markt. Eine strategische Unternehmensführung sollte diese Systemeigenschaften eines Unternehmens also unbedingt berücksichtigen.

Achten Sie darauf, daß in Ihrem Unternehmen auf verschiedenen Systemebenen Teamarbeit realisiert wird. Und achten Sie auch darauf, daß sich die Teammitglieder beziehungsweise Teams gegenseitig ergänzen. Eine Projektgruppe, in der nur Grübler sitzen, bringt genauso wenig, wie ein Projektteam, das nur aus „Aktivisten" besteht. Zwei Teams mit denselben funktionalen und strukturellen Eigenschaften lassen auf wenig Synergieeffekte hoffen.

76. Projekte immer portionieren

Problem	Ihnen scheint eine Aufgabe viel zu schwer zu sein, als daß Sie sie lösen könnten.
Ziel	Gehen Sie den Job an, und erledigen Sie ihn step by step.

Wenn Sie aufgefordert werden, 200 Kilogramm Sand, die in einem festen Sandsack sind, wegzutragen, was würden Sie tun? Die Hände über dem Kopf zusammenschlagen und jammern: „Das schaffe ich sowieso nicht, das ist doch viel zu schwer!"? Vielleicht würden Sie sich aber auch einen Eimer holen, in den gerade mal so zehn Kilogramm Sand reingehen. Sie gehen lässig ein paarmal hin und her und haben Ihren Job erledigt. Oder Sie suchen 20 Eimer und 19 Helfer. Dann haben Sie den Auftrag ungefähr in der gleichen Zeit erledigt, wie wenn Sie den ganzen Sack alleine auf einmal geschleppt hätten.

Was machen Sie, wenn Sie mit einem Projekt beauftragt werden, das so schwer von der Stelle zu bekommen ist wie der Sandsack?

Wer hofft, hat schon gesiegt und siegt weiter. *Jean Paul*

Auch hier ist Jammern völlig unnötig. Portionieren Sie das Projekt einfach in Projektabschnitte, von denen jeder ein leicht zu erledigendes Teilprojekt darstellt. Versuchen Sie immer, ein Projekt zu filetieren. Je nachdem, ob der Output des einen Teilprojekts der Input eines nächsten ist oder ob die Teilprojekte parallel ablaufen können, können Sie zur Optimierung des Zeiteinsatzes noch zusätzliche Mitarbeiter engagieren.

So wie der Anblick des Gesamtprojekts Ihnen vielleicht Angst bereitet, so „harmlos" sehen die Teilprojekte aus. Schauen Sie sich jedes einzelne an. Die Sicherheit, jedes Teilprojekt packen zu können, gibt Ihnen schließlich die Sicherheit, das Gesamtprojekt erfolgreich zu Ende führen zu können.

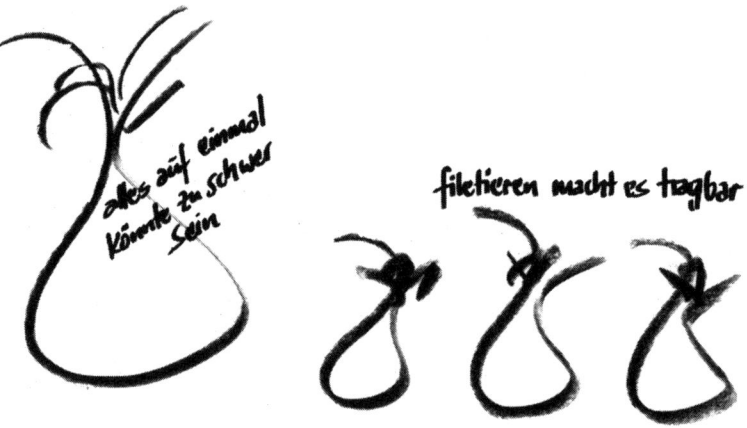

1 x 200 kg oder 20 x 10 kg?

77. Der Flaschenhals *oder* Projektengpässe überwinden

Problem	Ein Projekt kommt einfach nicht vorwärts.
Ziel	Geduld bewahren und durchhalten.

durch den Flaschenhals

Durch den Flaschenhals müssen Sie eben durch

Geduld ist der Schlüssel zur Freude.   *Arabische Weisheit*

Es gibt Projekte, die wollen einfach nicht richtig in die Gänge kommen. Schon die Erstellung der Projektanträge ist unheimlich zäh. Bis das richtige Projektteam zusammengestellt ist, hat man schon ein, zwei graue Haare mehr, und die Startphase ist zäh wie eine Schuhsohle. Dann droht auch noch die Finanzierung zu kippen. Als Projektmanager würden Sie jetzt am liebsten den ganzen Kram in die Ecke werfen. Doch Geduld, Sie befinden sich ziemlich sicher nur in der Flaschenhals-Phase Ihres Projektes. Und genauso, wie sich eine Flasche nach dem Flaschenhals weitet, so folgt auch bei vielen Projekten nach einer oft etwas längeren Startphase auf einen Schlag die „Befreiung", plötzlich haben Sie wieder Luft und Platz, und alles läuft wunderbar. Doch durch den Flaschenhals müssen Sie eben durch. Dieses Vorgehen empfiehlt sich natürlich nicht nur für berufliche Vorhaben, für Ihr Privatleben gilt genau das selbe. Wenn zum Beispiel Ihre Partnerschaft so richtig festgefahren ist, steckt Sie vielleicht auch gerade in einer Flaschenhals-Phase. Jetzt hilft weder Davonlaufen noch Ignorieren des Problems. Um einen Korken zu bewegen, benötigt man ja auch viel Kraft und oft auch viel Geduld.

8 Probleme/Ziele: Keine Probleme mit Problemen

78. Von den Problemen lösen

Problem	Sie haben sich in ein Problem verbissen.
Ziel	Es soll deutlich gemacht werden, daß Probleme oft nur gelöst werden können, indem man sich von ihnen löst.

Kennen Sie Erna, die Henne? Nein? Aber Sie kennen auf jeden Fall Führungskräfte, die sich wie unsere gefiederte Freundin verhalten. Erna hat ein Problem: Hungrig läuft sie in ihrem Gehege auf der einen Seite eines Maschenzaunes auf und ab, auf dessen anderer Seite köstliche Körner liegen, und nur darauf zu warten scheinen, von Erna gefressen zu werden. Sobald Erna die Körner hinter dem Zaun entdeckt hat, läuft sie direkt darauf zu und läßt dann kein Auge mehr von der angestrebten Mahlzeit. Beim Hin- und Hertrippeln fixiert sie die Körner ohne Unterlaß. Sie tut dies sehr zu ihrem Schaden, denn würde sie auch nur einen Augenblick die Körner aus den Augen lassen, würde sie sehen, daß der Zaun an den Seiten offen ist, und daß es einen Um-Weg zu dem Futter gibt, einen Weg der das Problem „Zaun/Futter" umgeht. Erna kann also ihr Problem nur lösen, indem sie sich selbst von dem Problem löst.

Meist löst man ein Problem dadurch, daß man sich ein anderes vornimmt.

Rainer Malkowski

Erna kann dieses Problem nicht lösen, weil es ihr an der hierfür nötigen Kreativität fehlt. Sie würde eher verhungern, bevor sie ihren im wörtlichen und im übertragenen Sinne beschränkten Problemlösungsprozeß abändern würde, sie ist dazu einfach nicht in der Lage. Doch wir Menschen sind Gott sei Dank nicht dazu verurteilt, vor entsprechenden Problemen zu „verhungern". Wir verfügen über die notwendige Kreativität, uns von Problemen zu lösen, wir können „am Rand des Zauns vorbei denken". Die wissenschaftliche Disziplin der

Künstlichen Intelligenz hat zur Beschreibung entsprechender Problemlösungsprozesse den Begriff des Suchraums geprägt. Ein Suchraum ist die Gesamtheit der „Zustände", die in einem Problemlösungsprozeß durchlaufen werden können. Der Suchraum selbst wird durch Handlungsregeln bestimmt. Ernas kleiner Suchraum wird durch eine einzige Regel beschrieben, zu der es keine Alternative gibt: „Hast Du Futter entdeckt, geh' direkt darauf zu und laß' es nicht aus den Augen."

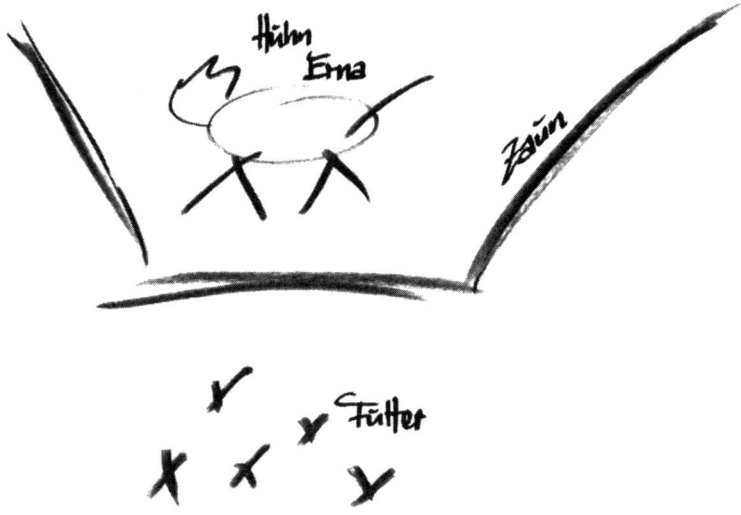

Das Huhn Erna geht direkt auf den Zaun zu und läßt dann ihr Ziel, das Futter, nicht mehr aus den Augen

Also: Wenn Sie vor einem Managementproblem stehen und nicht weiterkommen, erweitern Sie Ihren Suchraum, erweitern Sie die Menge Ihrer Denk- und Handlungsregeln. Hier ist echte Kreativität gefragt! Der Vergleich zu den Bildenden Künsten liegt nahe: Picasso, ein Musterbeispiel für Kreativität, erweiterte gewissermaßen den Suchraum der Malerei. Er modifizierte den Kanon der bis dahin bestehenden Malregeln beziehungsweise -konventionen. So entwickelte er beispielsweise seine Form der multiperspektivischen Darstellung. Interessant ist dabei auch, daß er sich nicht selbst vom Konzept der Regel lossagte, sondern nur neue, zusätzliche Regeln entwickelte. Entwickeln auch Sie neue Regeln. Um in der Terminologie der Spieltheorie zu sprechen: Spielen Sie ein neues Spiel! Mit diesem Verfahren durchbrechen Sie eingefahrene Verhaltens- und Problemlösungsroutinen. Hier wird unter anderem sehr deutlich, was Kreativität mit Freiheit zu tun hat!

So sollte zum Beispiel der Geschäftsführer eines mittelständischen Unternehmens, der sich überlegt, ob er zwei oder ob er besser drei oder sogar vier Abteilungsleiter beschäftigen möchte, auch darüber nachdenken, ob Projektmanagement nicht sinnvoller wäre, oder ob es nicht besser wäre, einzelne Unternehmenseinheiten als eigenständige GmbHs auszugliedern. Doch dabei müßte er sich zuerst gedanklich von der Funktion des „Abteilungsleiters" und der entsprechenden organisatorischen Struktur lösen und die Lösung seines Problems in einem entsprechend erweiterten Suchraum erwarten.

79. „Grenzenlose" Kreativität

Problem	Ein Problemlösungsprozeß droht daran zu scheitern, daß die Beteiligten den Rahmen ihrer Denkgewohnheiten nicht verlassen.
Ziel	Sie möchten deutlich machen, wie wichtig es ist, diesen Rahmen zu verlassen, um kreative Lösungen zu erzielen.

Bitte versuchen Sie einmal, neun Punkte, die in drei parallelen Reihen à drei Punkten angeordnet sind, durch einen geschlossenen Zug aus vier Linien miteinander zu verbinden. Geht nicht? Geht doch! Sie dürfen nur nicht den „Fehler" machen, Ihren Handlungsraum durch die Punkte begrenzen zu lassen. Dann geht es tatsächlich nicht. Ziehen Sie den Linienzug allerdings über die Punkte hinaus, können Sie die einzelnen Punkte problemlos zum Beispiel durch ein rechtwinkliges Dreieck miteinander verbinden. Die Hypothenuse verbindet dann beispielsweise die beiden linken, die Katheten laufen jeweils durch die beiden rechten Punkte.

Dieses einfache Beispiel zeigt, wie effektiv es ist, „über den Rand hinaus" zu denken. Auf diese Weise entsteht echte Kreativität.

Kreativität soll nicht nur neue Ideen hervorbringen,
sondern auch ermöglichen, den alten zu entrinnen. *Edward de Bono*

Doch leider ist unser Denken allzu oft gefangen in etablierten und fixierten Denkgewohnheiten. Ein typisches Beispiel hierfür ist der Bär Bruno. Bruno wurde als kleiner Bär in einen Zoo gebracht. Weil dort das Bärengehege noch nicht fertiggestellt war, mußte er ein paar Monate in einem recht engen Käfig zubringen. Um dennoch etwas Bewegung zu haben, lief er den ganzen Tag auf und ab, von einer Seite des Käfigs zur anderen und wieder zurück. Endlich war das

Bärengehege fertig: Felsen, Rasen, ein kleiner Teich – unheimlich viel Platz. Endlich ausreichend Raum für Bruno zum Austoben. Doch was macht er? Obwohl die Gitterstäbe entfernt sind, läuft er auf demselben Platz auf und ab, denn in seinem Kopf existieren die Gitterstäbe nach wie vor. Er hat gelernt, daß er nach fünf Schritten wieder umdrehen muß, um nach weiteren fünf Schritten erneut umzudrehen.

Wir alle haben auch unsere eingebildeten Gitterstäbe im Kopf, die uns daran hindern, unsere tatsächlichen Vorstellungs- und Handlungsräume vollständig auszunutzen. Erst wenn wir diese mentalen Blokkaden entfernen, genießen wir die Freiheit „grenzenloser" Kreativität. Der erste Schritt hierzu ist, sich seiner eigenen Denkgewohnheiten bewußt zu werden, seine eigenen mentalen Gitterstäbe zu erkennen.

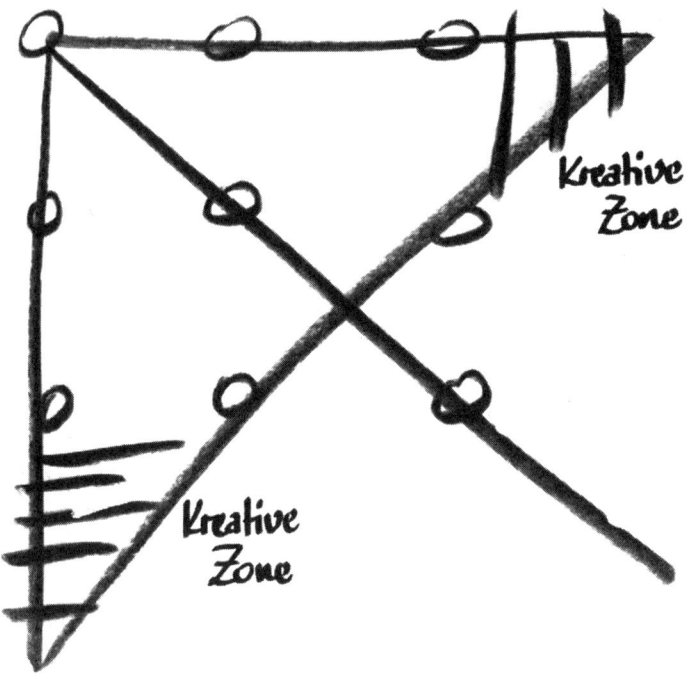

Verbinden Sie die vier Punkte durch einen geschlossenen Zug aus drei Linien

80. Die Menge macht's: Evolutionäre Problemlösungsprozesse

Problem	In einem Problemlösungsprozeß wird nur an einem Lösungsansatz gearbeitet.
Ziel	Es soll gezeigt werden, daß aus einer Menge an Lösungsansätzen in einem Selektionsprozeß ein bestimmter ausgewählt werden muß.

Handlungstheorien beschreiben eine Situation als einen Komplex, der aus den Faktoren Ist-Zustand, Handlungspotential, mögliche Folgezustände besteht. Ein Problem kann als Situation verstanden werden, bei der die Menge an Folgezuständen auf einen einzigen Zustand – das Ziel – eingeschränkt werden soll. Die Kunst von Problemlösungsprozessen besteht darin, auch den richtigen Weg, der zum Ziel führt, aus der Menge grundsätzlicher Handlungsmöglichkeiten auszuwählen, die richtige Handlung zu selektieren.

Selektion ist ein Begriff aus der Evolutionstheorie, der besagt, daß aus einer bestimmten Menge an Mutationen diejenigen ausgewählt werden, die einer bestimmten Anpassungsnotwendigkeit, bestimmten Umweltbedingungen, am besten entsprechen. Vor der Selektion kommt also die Mutation. Je mehr Mutationen für den Selektionsprozeß zur Verfügung stehen, desto größer ist die Wahrscheinlichkeit eines hohen Anpassungserfolgs.

Die Einfachheit steht am Ende, nicht am Anfang. Sie ist Resultat, nicht Programm.
Hans Wimmer

Ein Erfolgsfaktor für Problemlösungsprozesse ist die Vielfalt an Lösungsvorschlägen, die zum Ziel führen sollen. Generieren Sie also auf dem Weg zu einer Problemlösung in einem ersten Schritt, nach der Bestimmung der Situation, möglichst viele Lösungsvorschläge. Sie tun dies am besten in einer Gruppe, um so den Mutationseffekt zu sichern, nämlich das Generieren verschiedener ähnlicher Varianten. Das Kreativitäts-Tool Brainstorming ist ein hervorragendes Werkzeug, um eine möglichst hohe Zahl an Mutationen zu erzeugen. Nach der Mutation folgt die Selektion. Die Anzahl der Ideen muß reduziert werden. Dies geschieht in einem ersten Selektionsschritt durch rationales und emotionales Bewerten der einzelnen Alternativen, bis eine bestimmte Entscheidung getroffen wird. Aus der getroffenen Entscheidung werden dann konkrete Maßnahmen abgeleitet und initiiert. Ein Feedback über den Erfolg der getroffenen Entscheidung beendet den Problemlösungsprozeß bei Zielerreichung oder führt, bei einer Abweichung, in eine neue Runde, wobei die Erfahrung aus dem ersten Durchlauf ebenfalls selektiv auf die Auswahl der Handlungsmöglichkeiten wirkt.

Genauso wie Mutationen als Hypothesen über die Beschaffenheit der Umwelt verstanden werden können, die dann durch Selektionsprozesse verifiziert werden (das heißt als wahr oder falsch bewertet werden), müssen auch Handlungsalternativen als Hypothesen verstanden werden, die mehr oder weniger „wahr" in bezug auf das unternehmerische Handlungsfeld sind.

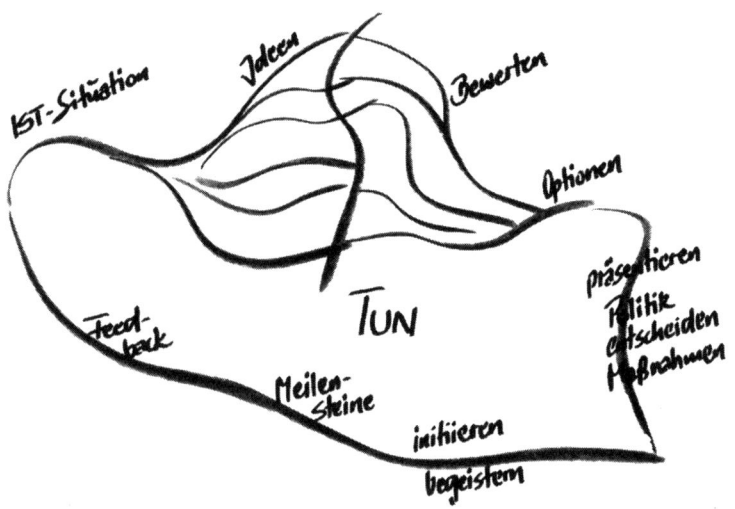

Problemlösung als Selektionsprozeß

81. Weite Lösungsräume öffnen

Problem	Sie stehen vor einem Problem, bleiben aber mit Ihren Lösungen zu sehr im Bereich des Gewohnten.
Ziel	Suchen Sie auch bewußt nach Lösungen, die Sie sehr weit von Ihrer aktuellen Situation entfernen würden.

Der entscheidende Schritt bei Problemlösungsprozessen erfolgt gleich zu Beginn, wenn Sie sich den Kopf darüber zerbrechen, wie Sie bloß zu einer Lösung kommen könnten. Denn zu diesem Zeitpunkt ziehen Sie gewissermaßen einen Rahmen auf, in dem Sie die Lösung zu Ihrem Problem suchen werden. Sie legen den Suchraum fest. Sie sind zum Beispiel unzufrieden mit Ihrer beruflichen Situation. Sie überlgen sich dann ganz konkret, was Sie an Ihrem Arbeitsplatz ändern könnten, um wieder jeden Morgen mit einem Glücksgefühl das Büro betreten zu können. Der Rahmen, den Sie aufgezogen haben, entspricht also weitgehend Ihrer aktuellen Situation.

Das Wort Schwierigkeit muß gar nicht für einen Menschen von Geist als existent betrachtet werden. Also, weg damit!   *Georg Christoph Lichtenberg*

Sie hätten aber auch einen anderen, einen weiteren Rahmen aufziehen können, der zum Beispiel auch die Möglichkeit eines Arbeitsplatzwechsels offen läßt. Oder, ein noch weiterer Rahmen, Sie könnten in Ihre Überlegungen mit einbeziehen, ob Sie nicht ganz aussteigen möchten, um für den Rest Ihres Lebens Ihre Ersparnisse in einem toskanischen Landhaus durchzubringen.

Der Vorteil eines kleinen Rahmens ist, daß Sie relativ schnell zu einem Ergebnis kommen, das außerdem Ihren bisherigen Alltag nicht zu sehr „gefährden" wird. Allerdings gehen Ihnen dann vielleicht äußerst attraktive Lösungsmöglichkeiten durch die Lappen, die Ihnen ein größerer Rahmen bieten würde.

Also: Lieber zuerst einmal einen größeren Rahmen aufziehen. Der Problemlösungsprozeß verläuft ohnehin vom Allgemeinen zum Konkreten, so daß Sie ohnehin Ihren Suchraum verkleinern. Der Vorteil des weiteren Rahmens ist, daß Sie sich eine größere Zahl an Handlungsalternativen offenhalten können. Wenn Sie an Ihrem Arbeitsplatz keine Änderungen durchsetzen können, bleibt immer noch das Häuschen in der Toskana. Das Wissen um Alternativen gibt Ihnen ein gewisses Maß an Freiheit und innerer Unabhängigkeit, was Sie natürlich nicht davon abhalten sollte, getroffene Entscheidungen auch mit äußerster Konsequenz zu verfolgen.

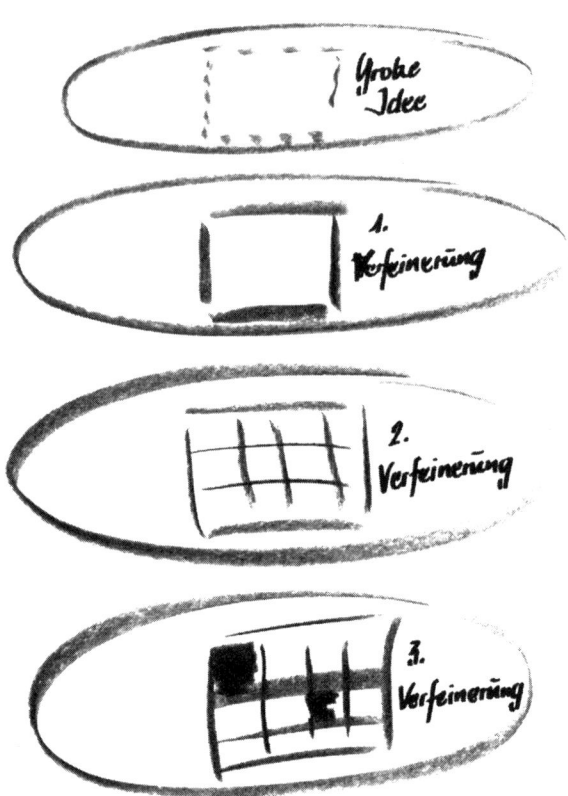

Um Probleme zu lösen, müssen Sie zuerst einen Rahmen aufziehen, in dem Sie eine mögliche Lösung erwarten

82. Problemen begegnen:
Love it, leave it, change it

Problem	Sie sind mit Ihrer Situation unzufrieden.
Ziel	Machen Sie sich bewußt, welche Möglichkeiten Sie haben, um mit dieser Situation umzugehen.

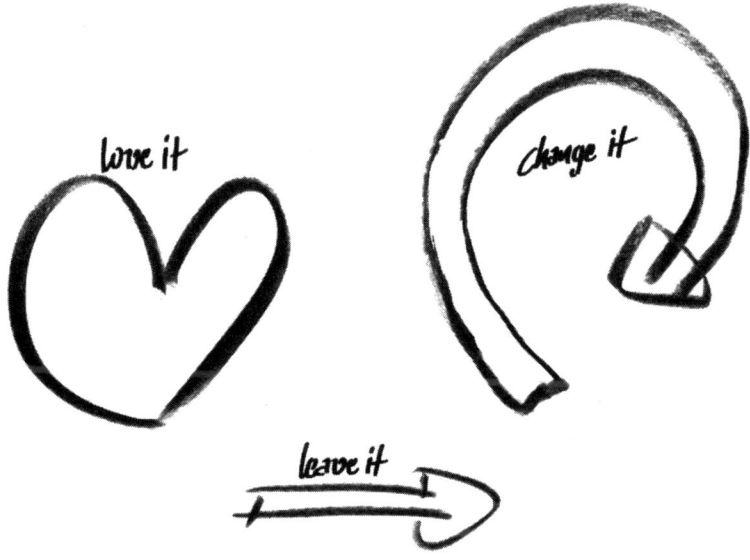

Akzeptieren, ändern oder gehen

Grundsätzlich stehen uns drei Alternativen zur Verfügung, wie wir mit unliebsamen Dingen, Menschen oder Situationen umgehen können. Wir können versuchen, doch noch unser Herz für sie zu entdecken (love it), wir können uns aber auch aus dem Staub machen, und den Sonnenschein woanders suchen (leave it), oder wir können versuchen, die gegebenen Umstände zu unserer Zufriedenheit zu ändern (change it).

Sie sind zum Beispiel schon seit 20 Jahren verheiratet, und Sie wissen eigentlich selbst nicht mehr, warum Sie es gerade mit diesem Menschen so lange ausgehalten haben. In Ihrer Beziehung ist eigentlich nichts Schönes mehr, und nach und nach hat Ihre kaputte Partnerschaft Sie selbst auch kaputt gemacht. Dann ist es höchste Zeit, etwas zu tun. Nehmen Sie sich die drei Alternativen vor. Fragen Sie sich, welche Sie davon realisieren möchten, überlegen Sie, was Sie tun müßten und mit welchen Konsequenzen die jeweilige Entscheidung verbunden wäre. Sie können sich ruhig Zeit für Ihre Entscheidung lassen. Doch eins können Sie nicht: einer Entscheidung ausweichen.

Erfolg ist das, was erfolgt, wenn man sich selbst folgt.

Dasselbe gilt auch für eine berufliche Situation, unter der Sie schon lange leiden, die Sie vielleicht schon krank macht. Auch hier gilt: love it, leave it or change it. Wenn Sie sicher sind, daß Sie Ihrem Arbeitsplatz nichts Positives mehr abgewinnen können, wenn alle Änderungsversuche nichts gebracht haben, dann packen Sie die Koffer und gehen.

Gegenüber mißlichen Umständen, die es uns erlauben, auf eine der drei Weisen zu reagieren, verfügen wir über persönliche Freiheit. Gestehen wir uns selbst diese Freiheit zu!

83. Die richtige Perspektive: Gegensätze verbinden

Problem	Sie müssen zwei streitende Parteien versöhnen.
Ziel	Weisen Sie darauf hin, daß auch scheinbar unversöhnliche Positionen aus einer umfassenden Perspektive verbunden werden können.

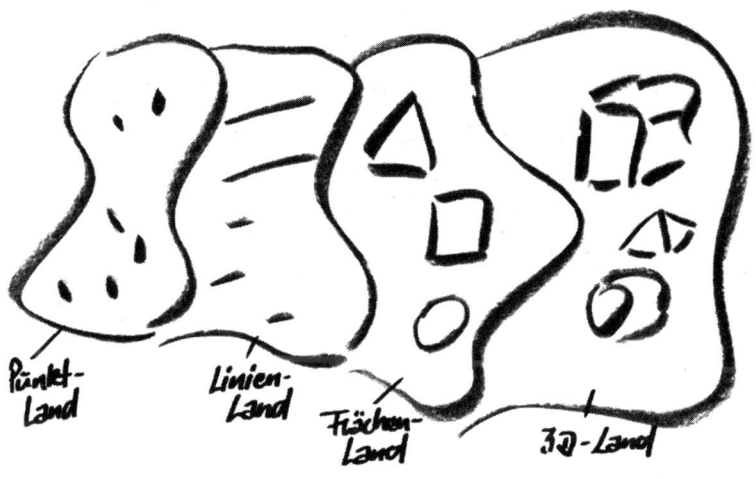

Vom Punktland ins Land der Linien, Flächen und Körper

Vor ziemlich langer Zeit und auch sehr weit von hier gab es einmal ein Land, in dem lebten die Punkte, und sie waren mit ihrem Leben auch ganz zufrieden, bis zwischen den zwei mächtigen Königen des Punktlandes ein unheilvoller Streit ausbrach. Und so sehr sich auch alle Berater anstrengten, sie konnten die beiden Könige nicht versöhnen, so daß es fast schon zum Krieg kam. Ein Weiser, der vom Streit der Könige gehört hatte, ging an deren Höfe und sagte, er wisse eine Lösung. Die Könige und ihre Berater kamen zusammen, und der Weise berichtete von einem Land, in dem sie die Lösung zu ihrem Problem finden könnten. Es wäre ganz in ihrer Nähe und wäre das Land der Striche. Die beiden Könige des Punktlandes sahen sich an, beratschlagten kurz und brachen mit ihrem Gefolge in das Land der Striche auf.

Im Land der Linien mußten sie nicht lange suchen, bis sie eine Linie fanden, die sie beide verband, die ihre beiden Standpunkte integrierte. Die Punkte sahen, daß es nur in ihrem Land unmöglich schien, die widerstrebenden Ansichten der beiden Könige zu verbinden, im Land der Linien war dies kein Problem. Die Bewohner des Linienlandes erzählten, daß sie ähnliche Probleme hatten. Wie sollten jemals zwei Linien, die in verschiedene Richtungen zeigten, zu einer Einheit verbunden werden? Doch unweit des Landes der Linien, befand sich das Land der Flächen, in welchem es ein Leichtes war, verschiedene Linie in einer Ebene zu integrieren. Die Flächen wiederum konnten mit ihren Problemen Zuflucht im Land der Körper suchen. Und diese wurden schließlich durch die alles umfassende Zeit miteinander vereint.

Scheinbar unvereinbare Standpunkte oder Verhaltenslinien lassen sich oft aus einer umfassenden Perspektive integrieren.

84. Problemlösungen mit Perspektive

Problem	Sie möchten zu den richtigen „Ansichten" oder einem guten „Durchblick" gelangen.
Ziel	Berücksichtigen Sie sowohl die horizontale als auch die vertikale Perspektive auf einen Problembereich.

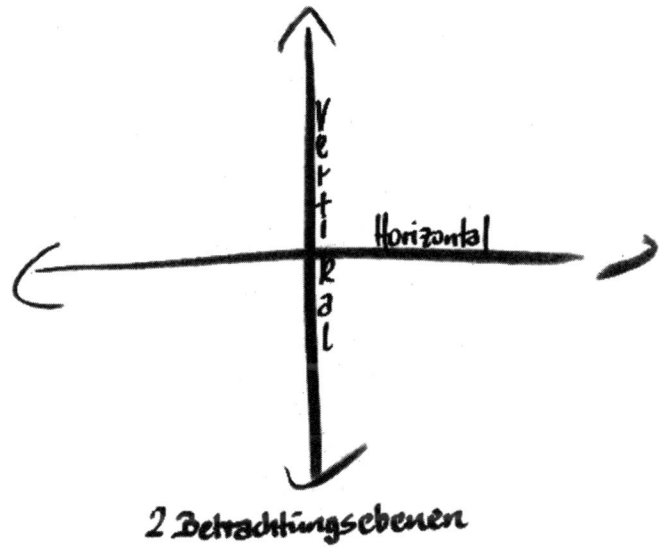

Die Horizontale und die Vertikale müssen gemeinsam betrachtet werden

Problem- beziehungsweise Aufgabenbereiche können entweder in der Horizontalen oder in der Vertikalen „geschnitten" werden. Es ergeben sich dann jeweils völlig verschiedene Ansichten. Nehmen Sie zum Beispiel die Wertschöpfungsprozesse eines Unternehmens. Im vertikalen Schnitt sehen Sie die einzelnen Prozesse in ihrem gesamten Verlauf. Im horizontalen Schnitt sehen Sie die Verbindungslinien zwischen den einzelnen Prozessen. Eine Optimierung der Unternehmensprozesse muß beide „Schnittebenen" berücksichtigen.

Um bessere Partner zu finden, muß ich besser werden. *Peter Horton*

Die vertikale Perspektive entspricht auch einem Blick auf die Oberfläche, die horizontale Perspektive entspricht dem „Durchblick". Wenn Sie beispielsweise die Aktionen eines Mitarbeiters wahrnehmen, betrachten Sie ihn aus der vertikalen Perspektive. Wenn Sie hinter den Aktionen auch die Motive und Einstellungen des Mitarbieters sehen, befinden Sie sich in der horizontalen Perspektive. Es geht natürlich nicht immer, daß gleichzeitig beide Perspektiven eingenommen werden. Im Tagesgeschäft sind es primär die Handlungen Ihrer Mitarbeiter und die entsprechenden Resultate, die für Sie interessant sind. Die horizontale Perspektive dominiert hier ganz klar. Anders verhält sich das Ganze, wenn zum Beispiel ein Problem aus einer Handlung entsteht. Um den Ursachen auf den Grund zu gehen, müssen Sie die Perspektive wechseln und sich Durchblick verschaffen. Jetzt sehen Sie oder versuchen zumindest zu sehen, was den Mitarbeiter dazu veranlaßt hat, in einer bestimmten Art und Weise zu handeln. Dieser analytische Blick wird nach erfolgreicher Lösung wieder zugunsten der synthetischen Betrachtungsweise aufgegeben, der wieder die Gesamtheit der Aktivitäten und Handlungen im Fokus hat.

85. Problembereiche aufbrechen

Problem	Sie müssen eine äußerst komplexe Aufgabe in Angriff nehmen.
Ziel	Zerlegen Sie sie in ihre elementaren Komponenten.

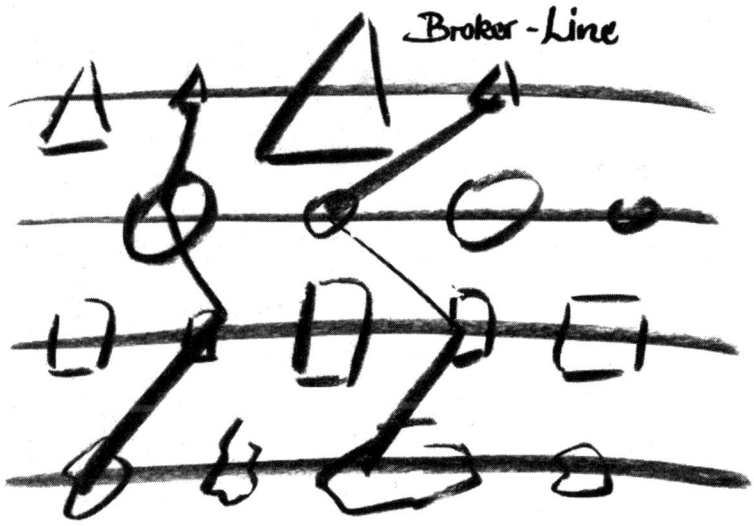

Komplexe Problembereiche müssen in ihre Komponenten aufgebrochen werden

In Ihrem Unternehmen muß ein komplexer Problembereich, zum Beispiel der Verkauf, optimiert werden. Wie aber bekommt man komplexe Probleme in den Griff? Niemand weiß, wo zuerst angefangen werden soll. Der eine will hier etwas drehen, der andere will da etwas ändern. Insgesamt gibt es viele „Baustellen", ohne daß sich eine klare Linie ergibt, eine übersichtliche Problemlösungsstruktur. Eine solche Struktur kann jedoch relativ einfach erarbeitet werden, und sie ist auch unbedingt erforderlich, um alle Bereiche einer Aufgabe zu erfassen und im Gesamtzusammenhang zu berücksichtigen.

Der „Trick" bei der Sache besteht darin, den komplexen Problembereich aufzubrechen in einfachere Strukturen und diese wiederum aufzubrechen, bis letzten Endes „atomare", also nicht weiter untergliederbare Aufgaben stehen, deren Lösungen zusammengesetzt die Lösung der komplexen Aufgabe ergeben.

Ein Problem stellt sich, wie man es anpackt.   *Gerhard Branstner*

So kann zum Beispiel der Verkauf aufgebrochen werden in die Bereiche Mission, Auftrag, Ziele und Umsetzung. Die Gliederung kann auch nach Zeitmaßstäben erfolgen, so daß zum Beispiel der Bereich Umsetzung in kurzfristige, mittelfristige und langfristige Umsetzung untergliedert werden kann. Wenn Sie für die einzelnen Problembereiche Lösungskonzepte entwickelt haben, setzen Sie diese zusammen. Nach der Analyse folgt jetzt der Schritt der Synthese. Die einzelnen Lösungskomponenten können jetzt aufeinander abgestimmt werden. Es entsteht somit ein integriertes Problemlösungsmodell mit der endgültigen Lösung als höchster Integrationsstufe.

86. Die richtige Distanz zum Problem

Problem	Sie haben zu Ihren Mitarbeitern oder einem Problem nicht die richtige Distanz.
Ziel	Sorgen Sie für die richtige Beziehung.

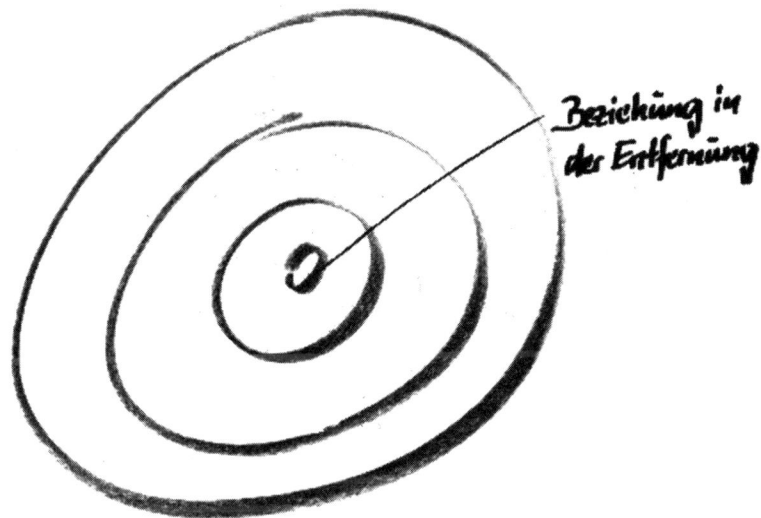

Erde und Sonne haben Gott sei Dank die richtige Distanz

Die mittlere Entfernung der Erde von der Sonne beträgt 149,6 Millionen Kilometer. Und das ist gut so. Denn wäre sie wesentlich näher oder weiter von der Sonne entfernt, gäbe es uns allesamt nicht. Es hätte sich überhaupt keine Biosphäre bilden können. Eine größere

Entfernung von der Sonne hätte einen Mangel an lebensnotwendiger Sonnenenergie bedeutet, eine geringere Distanz ein Zuviel an Sonnenenergie. Gott sei Dank ist die Beziehung zwischen Sonne und Erde genau so eng, daß sich Leben, wie wir es kennen, auf der Erde entwickeln konnte.

Die Schönheit der Welt ist eine Frage des Abstands.

Die richtige Distanz spielt nicht nur in der Beziehung zwischen Sonne und Erde eine wichtige Rolle. Auch in der Beziehung zwischen Menschen oder zu einem Problem kommt es auf die richtige Entfernung an. Die Beziehungen müssen immer paßgenau sein. So kann zum Beispiel im Kollegenkreis der Versuch, jede Distanz abzubauen, dazu führen, daß man sich die Finger verbrennt. Zuviel Vertraulichkeit oder Anbiederei lassen keine lebendige Beziehung entstehen. Eine zu große Distanz zu den Kollegen, eine unterkühlte Beziehung, wird in der Regel – und meistens auch zu Recht – als Desinteresse verstanden. Niemand kann in einer solchen Atmosphäre richtig auftauen und warm werden.

Für Probleme gilt ähnliches. Wenn man keine Distanz mehr zu einem Problem hat, sich in seine Aufgabe verbeißt, fehlt einfach der Überblick, der für eine umfassende Problemlösung unbedingt erforderlich ist. Entfernt man sich aber zu sehr von seinem Problem, sind keine Details mehr zu erkennen, und das Problem erscheint insgesamt weniger bedeutsam.

87. Konzentration auf die Lösung bringt Power

Problem	Ihre Kollegen sitzen vor einem Problem wie das Häschen vor der Schlange.
Ziel	Sie wollen darauf aufmerksam machen, daß im Vordergrund die Lösung und nicht das Problem stehen sollte.

Wenn Sie den Schwerpunkt auf das Problem setzen, begeben Sie sich in eine Abwärtsspirale, die immer tiefer in das Problem führt und kontinuierlich Streß aufbaut. Wenn Sie sich aber auf die Lösung konzentrieren, wird Ihnen diese positive Perspektive zu immer mehr Energie verhelfen

Wieder einmal ist ein wichtiges Projekt festgefahren. Alle Projektmitarbeiter analysieren mit rauchenden Köpfen die Ursachen. Die Beschäftigung mit den Problemen kostet Zeit und sie verursacht Streß. Jeder macht einen anderen Mißerfolgsfaktor aus. Die Stimmung der ganzen Mannschaft gerät auf diese Weise in eine Abwärtsspirale, die die Energie des Teams auf einen Tiefpunkt führt und so eine Lösung des Problems zunehmend schwerer macht. Doch gerade die Lösung des Problems und nicht das Problem selbst sollten im Mittelpunkt des Denkens stehen. Natürlich ist auch die Problemanalyse notwendig, doch sie sollte sich auf ein Mindestmaß beschränken.

Widerwärtigkeiten sind Pillen, die man schlucken muß und nicht kauen.

Georg Christoph Lichtenberg

Wenn Sie zum Beispiel Ihren Zeitrahmen deutlich überschreiten müssen, zieht es Sie nur weiter runter, wenn Sie genau untersuchen, wo welche Fehler gemacht wurden und wie Ihr Zeitmanagement in wahrscheinlich kürzester Zeit weiter aus dem Ruder laufen wird. Konzentrieren Sie sich besser so schnell wie möglich auf Lösungen. Die Visionen, die Sie dabei entwickeln werden, verhelfen Ihnen beziehungsweise dem Projektteam zu neuer Energie. Überlegen Sie zum Beispiel, ob es vertretbar ist, einen weiteren Mitarbeiter mit ins Team zu nehmen, die zusätzlichen Personalkosten könnten zum Beispiel dadurch kompensiert werden, daß Sie aus Ihrem Team einen Kollegen „ausleihen", wenn bei den anderen Not am Mann ist. Oder rechnen Sie kurz durch, welche Projektabschnitte Sie voraussichtlich schneller als erwartet abschließen können. Jede weitere Idee bringt Zeit und vor allem bringt sie Optimismus, es doch noch schaffen zu können und somit auch die Energie, dieses Ziel auch immer erreichbarer zu machen. Problem und Lösung sind immer zwei Seiten ein und derselben Medaille. Auf welche Seite Sie sich konzentrieren, bleibt Ihnen überlassen.

9 Persönlichkeit: Sich selbst managen

88. Beziehungsmanagement: Power durch Partner

Problem	Sie haben das Gefühl, sich zu intensiv mit Menschen zu beschäftigen, die nicht so recht zu Ihnen passen, während Sie andere, die Ihnen sympathisch sind, vernachlässigen.
Ziel	Verschaffen Sie sich Klarheit über Ihr „Beziehungsmanagement"

Jeder von uns unterhält die unterschiedlichsten Beziehungen – zu Freunden, Verwandten, Geschäftspartnern. Und jede Beziehung hat ihren eigenen Charakter, mit jeder Beziehung verbinden Sie unterschiedliche Gefühle. Beziehungen unterscheiden sich dadurch, ob sie uns Freude bereiten und Kraft geben oder ob sie uns nach unten ziehen beziehungsweise den letzten Nerv rauben. Deshalb ist es ungemein wichtig, daß Sie sich über Ihre einzelnen Beziehungen klar werden, daß Sie wissen, wie Sie mit wem verbunden sind und daß Sie aus dieser Bewertung auch entsprechende Konsequenzen ziehen.

Im Streit klärt man nicht die Wahrheit, sondern die Beziehungen.

Überprüfen Sie deshalb auch Ihr berufliches Beziehungssystem. Stellen Sie hierzu eine Liste von zirka 20 Personen auf, zu denen Sie beruflichen Kontakt haben. Dann ordnen Sie die Namen den einzelnen Ringen des „Beziehungskreises" zu. Im Mittelpunkt sollten die Personen stehen, für die Sie Freundschaft empfinden. Der Sympathiewert nimmt von innen nach außen ab, so daß Sie im äußeren Kreis die Namen der Personen stehen haben sollten, die Ihnen völlig unsympathisch sind. Ordnen Sie dann den Namen jeweils eine Zahl zwischen 1 und 10 zu, die dafür steht, wie intensiv der Kontakt zu der jeweiligen Person ist. 1 steht für „sehr selten", 10 steht für „permanent". Wenn Sie jetzt im Innern des Beziehungskreises Kollegen oder Geschäftspartner mit niedrigen Werten stehen haben und außen solche mit hohen, machen Sie wahrscheinlich etwas falsch. Sie sollten dann die einzelnen Beziehungen hinterfragen: Sollte ich die Beziehung zu dem Geschäftspartner, der mit einem niedrigen Wert im Zentrum steht, nicht intensivieren, oder ist der niedrige Wert ein Zeichen dafür, daß die „Freundschaft" doch nicht so ausgeprägt ist? Und das Ekelpaket, mit dem ich permanent Projekte realisiere: Ist diese Person wirklich so wichtig für mich, sollte ich mich nicht besser nach Alternativen umsehen, oder ist sie eigentlich gar nicht so schlimm, und ich muß selbst etwas dafür tun, daß die Beziehung freundschaftlicher wird?

Der Beziehungskreis

Ein solches „Beziehungsmanagement" bedeutet eine ordentliche Portion Arbeit, doch es entscheidet zu einem großen Teil über unsere Lebensqualität.

89. Nutzen Sie Ihre Talente

Problem	Sie sind unzufrieden, obwohl Sie schon einiges erreicht haben.
Ziel	Fragen Sie sich einmal, ob Ihr Handeln und Ihre Ziele im Einklang mit Ihrer Persönlichkeit stehen.

Eine der stärksten Kräfte, die viele Menschen dazu bewegt, etwas zu tun, ist der Wunsch, etwas zu haben. Ob Sie materielle Güter oder eine höhere Position anstreben, immer ist es das „Haben", das das Ziel aller Hoffnungen ist. Wenn man sich aber einmal einen stolzen Hausbesitzer anschaut, der sich die nächsten fünf Jahre keinen Urlaub leisten kann, weil er noch mit der Hypothek zu kämpfen hat, fragt man sich doch, wer hier wen hat. Bloßes „Haben" ist noch lange kein Garant für Zufriedenheit.

Sorge dafür, das zu haben, was du liebst, oder du wirst gezwungen werden, das zu lieben, was du hast.   *George Bernhard Shaw*

Die „Glücksgleichung": „Je mehr ich habe, desto besser geht es mir", geht nicht auf. Um dieser Gleichung nicht in die Falle zu tappen, müssen wir also eine andere Triebfeder für unser Tun, für unsere Handlungen suchen. Wir sollten hierfür unseren Blick nicht nach außen richten, auf all das, was man eben haben kann, sondern nach innen, auf uns selbst, unseren Charakter, unsere Persönlichkeit. Erfolg kann nur entstehen, wenn das Tun mit dem Sein, wenn unsere Handlungen mit unserer Persönlichkeit, unserem Charakter, unseren Wünschen, Neigungen und Träumen übereinstimmen. Tun und Sein müssen eine Einheit bilden. Das, was wir machen, muß Ausdruck dessen sein, was wir sind. Am Anfang sollte deshalb nicht die Frage stehen: „Was will ich haben?", sondern die Frage: „Wer bin ich?" Der Erfolg, das Haben, wird sich dann ganz von alleine einstellen. Wir können diesen Erfolg gelassen annehmen, weil er nicht mehr das eigentlich Wichtige ist. Deshalb können wir es dann auch verkraften, wenn er einmal längere Zeit ausbleibt.

Auch ein Unternehmen sollte seine Handlungsmotive, seine Strategien nicht primär aus dem Haben-Wollen ableiten. Im Mittelpunkt strategischer Überlegungen sollte das Sein des Unternehmens, seine Kultur, sein Image, seine Kernkompetenzen stehen und vor allem seine Menschen. Ein Unternehmen wird auf diese Weise im Markt als „Individuum" erkennbar, künstliche Positionierungsbemühungen erübrigen sich für Unternehmen mit Charakter. Nur dieses Vorgehen sichert auch die Identifikation der Mitarbeiter mit dem Unternehmen, nur so können die Mitarbeiter auch mit dem Herzen bei der Sache sein. Oder könnten Sie sich vorstellen, daß Zielvorgaben wie „Im nächsten Geschäftsjahr müssen wir eine Umsatzrendite von 12,5 Prozent erreichen" ein großes Identifikationspotential bieten?

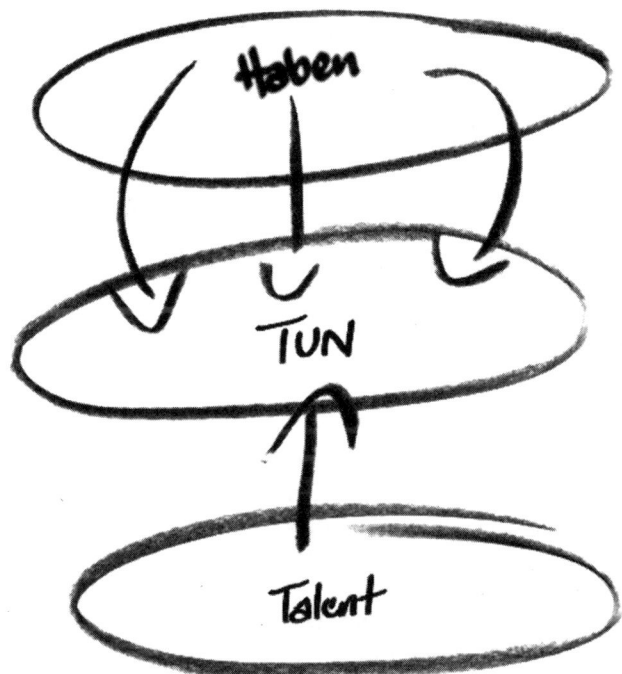

Achten Sie auf die richtige „Reihenfolge" von Haben, Tun und Sein

90. Die Power des Positiven

Problem   Im Mittelpunkt steht zu sehr das Negative.

Ziel   Der Blick soll auf das Positive gerichtet werden.

Es gibt viele Gesetze, die wir als unabänderbar hinnehmen müssen, dazu gehören die Naturgesetze, und dazu gehört das „79-21-Gesetz". Dieses Gesetz besagt, daß es nichts und niemanden gibt, mit dem wir vollkommen zufrieden sind. Es gibt immer – natürlich symbolische – 79 Prozent, die uns zusagen, und 21 Prozent, die uns mißfallen. Ob im Beruf oder in der Partnerschaft oder in bezug auf uns selbst: 100prozentige „Perfektion" gibt es nicht.

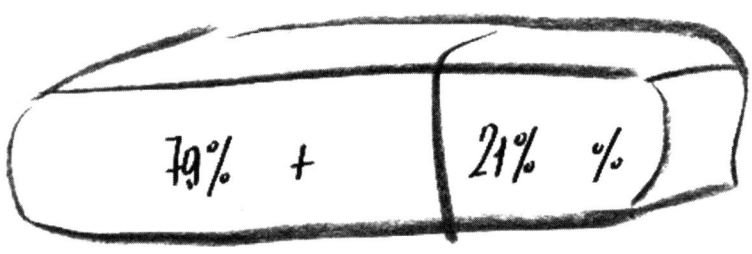

Das 79-21-Gesetz

Wenn wir an diesem Gesetz schon nichts ändern können, müssen wir zumindest damit umgehen lernen. Ein völlig falsches Beispiel finden wir in vielen Parnterschaften, bei denen als negativ empfundene Charakterzüge und Eigenschaften des jeweils anderen im Mittelpunkt stehen. „Du mußt ...", „Du sollst ..." und andere Erziehungsversuche sind dann an der Tagesordnung. Die positive Seite des anderen tritt dabei leider in den Hintergrund.

Toleranz sollte eigentlich nur eine vorübergehende Gesinnung sein:
Sie muß zur Anerkennung führen. Nur dulden heißt beleidigen.

Johann Wolfgang von Goethe

Im Berufsleben machen wir es oft auch nicht anders. Nörgler finden immer irgendwas zum Nörgeln und stecken dabei oft noch andere mit ihrer miesen Laune an. Die Lösung ist einfach eine entsprechende innere Perspektive. Konzentrieren Sie sich auf die positiven Dinge, und nehmen Sie das Negative einfach mit. Freuen Sie sich über die angenehmen Seiten Ihres Partners und sehen Sie ihm die „schlechten" nach. Genießen Sie in Ihrem Beruf das, was Ihnen Spaß macht, und quittieren Sie alles andere mit einem „Was soll's!"

91. „Return on Investment" *oder* Die sieben Kugeln

Problem	Sie erfahren in vielen Situationen nicht die Reaktion, die Sie erwarten.
Ziel	Machen Sie sich klar, daß Sie aus jeder Situation genau das zurückerhalten, was Sie selbst hineingesteckt haben.

Bestimmt kennen Sie das Spiel mit den sieben Kugeln, das auf vielen Schreibtischen steht. Die Kugeln, meist aus Metall, hängen einander berührend in einer Reihe an einem Gestänge. Wenn Sie eine der beiden äußeren Kugel mit etwas Schwung gegen die anderen stoßen, bleiben die fünf in der Mitte in Ruhe, die siebte nimmt den Impuls auf und schwingt nach außen weg. Nehmen Sie zwei Kugeln und lassen diese gegen die anderen schwingen, schwingen die beiden letzten nach außen weg und so fort. Soviel Kugeln, wie Sie auf die anderen stoßen, soviel schwingen auch an der anderen Seite weg. Die anderen bleiben jeweils in der Mitte in Ruhe.

Die sieben Kugeln repräsentieren ein physikalisches Gesetz, sie stehen aber auch für sehr viele Situationen unseres Lebens, für die gilt, daß keine Investition, sei es Liebe oder Haß, sei es Vertrauen oder Mißtrauen, sei es Großzügigkeit oder Geiz, „verlorengeht". Alles erhalten wir wieder zurück.

Wer einen Stein ins Wasser wirft, verändert das Meer.   *Paul Mommertz*

Stellen Sie sich zum Beispiel vor, Sie haben Ärger mit Ihrem Vorgesetzten. Wenn Sie sich bei ihm beschweren und schicken nur eine „Kugel" Ihres Zorns in das Gespräch, wird auch Ihr Chef moderat reagieren. Wenn Sie gleich fünf „Kugeln" auf einmal losjagen, werden Sie auch eine entsprechend heftige Reaktion erhalten. Aber zum Glück gilt dieses Gesetz nicht nur für unangenehme Situationen.

Wenn Sie in Ihren Job viele positive „Kugeln", sprich Einsatz und Liebe, investieren, erhalten Sie früher oder später auch eine entsprechend starke positive Reaktion, sei es in Form von Befriedigung oder in Form einer Beförderung, Sie erhalten auf jeden Fall das zurück, was Sie investiert haben.

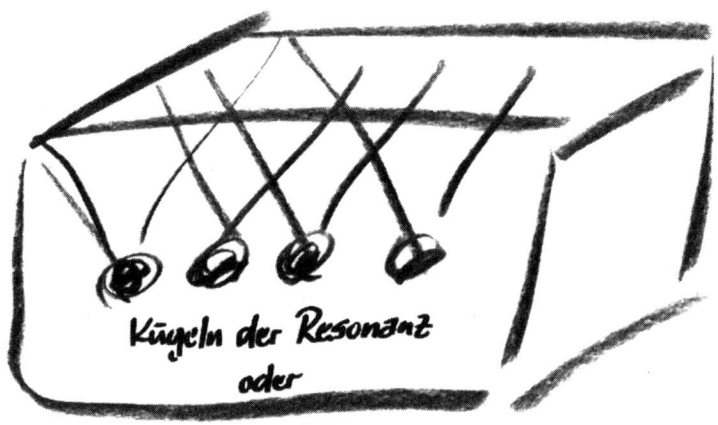

Kugeln der Resonanz
oder

Wie man in den Wald hineinruft,
so schallt es heraus

Das Spiel mit den Kugeln

92. Aktive Lebensplanung

Problem	Ihre berufliche und private Lebensplanung verläuft eher unsystematisch.
Ziel	Machen Sie sich die Zusammenhänge Ihrer verschiedenen Lebensbereiche bewußt. Richten Sie Ihre Planung nach den entsprechenden zurückliegenden Entwicklungen aus.

Vielleicht stimmt es ja wirklich, daß man seine Zukunft aus den Linien der Handfläche ablesen kann. Sie haben bestimmt doch auch einmal Ihre Lebenslinie gesucht und gerätselt, was Sie Ihnen alles über Ihre Zukunft sagen kann.

Um ein Gefühl für Ihren bisherigen Lebensweg zu erhalten und entsprechende Prognosen für die Zukunft stellen zu können, steht Ihnen auch ein anderes Hilfsmittel als das Handlesen zur Verfügung: eine Tabelle, in der Sie die bisherigen Höhen und Tiefen Ihres Lebens eintragen.

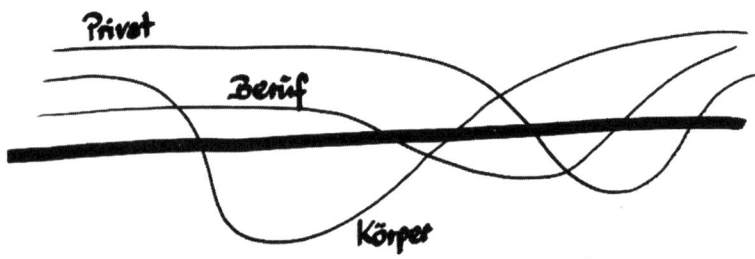

Wie sieht Ihre „Lebenslinie" aus?

Überlegen Sie zuerst, wie Sie sich in den drei Bereichen Privatleben, Ausbildung/Beruf und Körper/Gesundheit in welchem Lebensalter gefühlt haben. Markieren Sie dann die Höhepunkte und die Tiefpunkte Ihres Lebens in diesen drei Bereichen auf einer Skala. Verbinden Sie schließlich die einzelnen Punkte eines Bereiches mit einer Linie.

Wie du am Ende deines Lebens wünschst gelebt zu haben,
so kannst du jetzt schon leben.   *Marc Aurel*

Na, wie sieht Ihr Leben aus? Welche Zusammenhänge können Sie entdecken. Können Sie vielleicht eine Beziehung herstellen zwischen Ihrer Beförderung zum Abteilungsleiter mit 35 Jahren (Hoch: Beruf) mit einem Magengeschwür kurz darauf (Tief: Gesundheit) und der Trennung von Ihrer Lebensgefährtin oder Ihrem Partner (Tief: Privatleben)? Wie ging es nach Ihrem Karrieresprung weiter? Hat sich der „Einsatz" gelohnt, oder war Ihre Berufskurve dann auch bald wieder im Keller? Analysieren Sie Ihre eigene „Lebenslinie", und versuchen Sie, Ihre Lebensplanung so auszurichten, daß alle drei Bereiche im positiven Bereich sind, daß Sie sich beruflich, privat und körperlich wohl fühlen, denn alles gehört zusammen und bildet eine Einheit: Ihr Leben.

93. Wer sich nicht selbst ändert, ändert nichts

Problem	Sie treten eine neue Stelle an und haben bald wieder mit den alten Problemen zu kämpfen.
Ziel	Bevor Sie die äußeren Bedingungen ändern, müssen Sie sich selbst ändern.

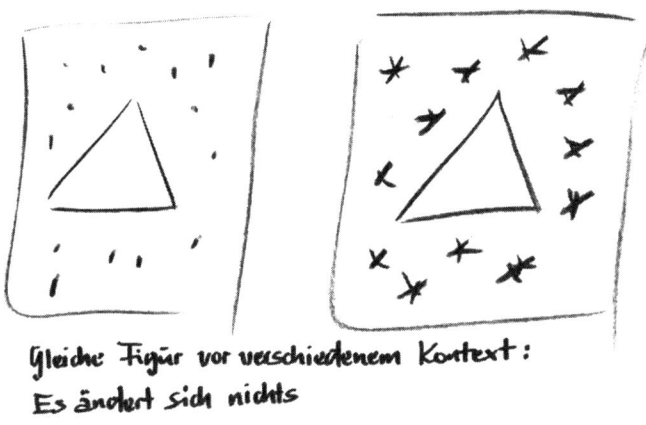

Gleiche Figur vor verschiedenem Kontext:
Es ändert sich nichts

Nur wer sich selbst ändert, ändert wirklich etwas

So mancher quält sich an seinem Arbeitsplatz. Tag für Tag ärgert er sich über Kollegen, Tag für Tag wird er mit seiner Arbeit nicht fertig, Tag für Tag hat er Angst, von seinem Chef abgesägt zu werden. Eines Tages faßt er den Entschluß, dieser Qual ein Ende zu setzen und nach einer neuen Stelle in einem anderen Unternehmen Ausschau zu halten. Nach 20 Bewerbungen und drei Vorstellungsgesprächen wird er mit einem Unternehmen einig. Mit Elan geht er seine neue Stelle an. Es vergehen einige Wochen, und: Tag für Tag ärgert er sich über Kollegen, Tag für Tag wird er mit seiner Arbeit nicht fertig, Tag für Tag hat er Angst, von seinem Chef abgesägt zu werden. Es hat sich zwar äußerlich viel geändert: ein neues Unternehmen, neue Kollegen und Vorgesetzte. Was sich jedoch nicht verändert hat, ist er selbst. Mit derselben Einstellung seiner Arbeit gegenüber, mit derselben Erwartungshaltung seinen Kollegen und Vorgesetzten gegenüber folgt er denselben Verhaltensmustern wie seit eh und je. Sein Verhalten führt zu entsprechenden Reaktionen seiner Umwelt, und so spielt es tatsächlich keine Rolle, wo sich unser Freund befindet, er nimmt seine Probleme mit und etabliert sie da, wo er sich gerade befindet. Wenn er möchte, daß seine Umwelt ihn anders wahrnimmt und anders auf ihn reagiert, als er es bislang gewohnt war, muß er zunächst einmal sein eigenes Verhalten ändern. Um dies zu ändern, ist es jedoch unbeding erforderlich, daß er „sich selbst" ändert, das heißt sein Selbstbild und seine Glaubenssätze.

„Ich bin ein Versager", „Ich bin nicht belastbar", „Niemand hat Respekt vor mir" und andere Identitäts- und Glaubensaussagen führen dazu, und das hat die kognitive Psychologie eindrucksvoll bewiesen, daß der Träger dieser Aussagen tatsächlich versagt, wenig belastbar ist und respektlos behandelt wird, weil er sich ganz einfach entsprechend seiner inneren Einstellungen verhält – ein klassisches Beispiel für eine self-fulfilling prophecy.

Manche halten ihre veränderte Ansicht eines Menschen für eine Veränderung desselben.   *Jean Paul*

Aber zum Glück geht es auch andersherum: von einer positiven Einstellung zu positiven Erfahrungen. Voraussetzung hierfür ist, daß zunächst einmal mit den alten Glaubenssätzen aufgeräumt wird. Es muß gewissermaßen eine „Neuprogrammierung" stattfinden. Die neue „Software" steuert dann, wie die alte, ihren Träger und sorgt so für die gewünschten Reaktionen der Umwelt, sei es durch das Feedback seines „sozialen Umfeldes", sei es in Form von Erfolgen. Zugegeben, die Idee der Selbstprogrammierung klingt etwas mechanistisch. Aber so, wie sich die Mechanik mit den Bewegungen, den sie verursachenden Kräften und mit der Zusammensetzung und dem Gleichgewicht von Kräften beschäftigt, so orientiert sich das Konzept der Selbstprogrammierung an den Wechselwirkungen unserer psychischen Kräfte als Grundlage unseres Verhaltens. Und daß sich unsere Umwelt an unserem Verhalten orientiert, ist klar.

94. Auch das Negative akzeptieren

Problem	Vieles, was schön und nützlich ist, hat doch irgendwie einen „Haken".
Ziel	Machen Sie sich bewußt, daß es kaum eine „Rose" ohne „Dornen" gibt.

Rosen sind wunderschöne Blumen. Obwohl sie in Mitteleuropa zunächst als Heilpflanze eingeführt wurde, zum Beispiel als Zutat zu Heilsalben, verschönert sie seit dem 10. Jahrhundert als Zierpflanze unsere Gärten. Doch wer die Schönheit und den Duft der Rosen genießen will, muß auch ihre Dornen in Kauf nehmen. Ob die rosafarbene Heckenrose, die rote Damaszenerrose oder die gelbliche Teerose, sie alle verfügen über Dornen, die einen vorsichtigen Umgamg mit ihnen nahelegen.

Wie die Rosen, so haben auch die meisten anderen schönen oder angenehmen Dinge eine unangenehme oder „gefährliche" Seite. Eine berufliche Aufgabe, die die Erfüllung Ihrer Träume ist, kann als „Dornen" den weitgehenden Verlust Ihres Privatlebens haben. Ein erfülltes Privatleben, ein gut gepflegter Bekanntenkreis und lange Urlaubsreisen lassen sich nur mit einem 08/15-Job von 8.00 bis 16.00 Uhr realisieren. Die hervorragenden Leistungen Ihres besten Mitarbeiters sind eng verbunden mit seiner Fähigkeit, jede Ordnung, sei es auf seinem Schreibtisch oder in Ihrem Projektplan, in den Zustand des Chaos zu versetzen.

Wer sich an Rosen erfreuen will, muß auch die Dornen gießen.

Aber wir lieben die Rosen mit ihren Dornen. Sie gehören einfach dazu. Wir wissen, daß wir sie vorsichtig anfassen müssen, und wenn wir uns doch einmal stechen, sind wir selbst Schuld und nicht die Rose. Auch wenn wir die positiven Seiten unseres Berufs- oder

Privatlebens oder unserer Mitmenschen schätzen und genießen, ist es wichtig, daß wir auch ja zu den „Dornen" sagen können, denn sie gehören, wie gesagt, einfach dazu. Und wenn wir um die „negativen" Seiten wissen (Sie werden oft erst durch unsere Bewertung negativ), können wir entsprechend damit umgehen. Ein fast nicht vorhandenes Privatleben muß auch die Zustimmung des Partners finden, ein Routinejob kann nur durchgezogen werden, wenn der Beruf uns wirklich nicht wichtig ist, und den genial-chaotischen Mitarbeiter läßt man halt machen und schließt an den richtigen Stellen einfach die Augen.

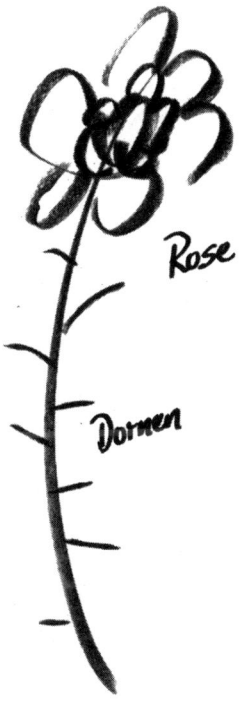

„Gefährliche" Schönheit

95. Die Macht der Gewohnheit überwinden

Problem	Sie haben das Gefühl, über viel zuwenig Handlungs-freiräume zu verfügen.
Ziel	Machen Sie sich bewußt, daß viele Einschränkungen auf eingebildeten Barrieren basieren.

immer wieder der gleiche Weg, die gleiche Bewegung im Kreis der Gewohnheiten

Die Macht der Gewohnheit hat eine fesselnde Kraft

Haben Sie sich auch schon einmal im Zirkus darüber gewundert, daß auch die größten Elefanten oft nur mit einem dünnen Seil festgebunden werden, und dies auch noch mit Erfolg?

Die Gewohnheit ist gleichsam eine zweite Natur. *Cicero*

Die Elefanten werden weniger durch das Seil gehalten als durch die Macht ihrer Gewohnheit. Schon als junge Tiere werden Elefanten an Pflöcken festgebunden. Die Seile sind zwar ebenfalls dünn, aber doch stark genug, um der Kraft eines kleinen Elefanten zu widerstehen. Die Kleinen versuchen sich permanent zu befreien, aber vergeblich. Und so geben sie eines Tages auf, mit dem sicheren Wissen, es sowieso nicht zu schaffen, weil sie sowieso viel zu schwach sind. Die Elefanten werden größer und stärker, und es wäre jetzt für sie ein Leichtes, das Seil zu zerreißen oder gleich den ganzen Pflock aus dem Boden zu ziehen. Doch ihr „Wissen", es ohnehin nicht zu schaffen, hindert sie daran, einen erneuten Versuch zu wagen. Ihre alte Denkgewohnheit fesselt sie an den Pflock.

Jeder von uns ist ebenfalls mental an irgendwelche Pflöcke gebunden, mit Seilen, die eigentlich viel zu dünn sind. Alte Glaubenssätze wie: „Ich schaffe dies und das auf gar keinen Fall" fesseln uns, obwohl ein kurzer kräftiger Ruck genügen würde, um dieses „Seil" zu zerreißen und die entsprechende Aufgabe erfolgreich in Angriff zu nehmen. So wie die Elefanten größer und kräftiger werden, so nehmen auch unsere Kräfte zu, unsere Erfahrungen und Kenntnisse, wir verändern uns auch permanent (oder sollten dies zumindest tun).

Unternehmen, die schon seit ewigen Zeiten in einem seichten Markt dahindümpeln und ihre Chancen nicht wahrnehmen, weil sie vor weiß Gott wie langer Zeit einmal bei einem zaghaften Versuch auf die Nase gefallen sind, sollten sich auf ihre eigentlichen Potentiale besinnen. Das Seil, das sie damals vom Erfolg abgehalten hat, ist jetzt vielleicht viel zu dünn, als daß es jetzt noch ernsthaft Widerstand leisten könnte.

96. Zehn Steine *oder* Im Hier und Jetzt leben

Problem	**Sie sind mit verschiedenen Aspekten Ihres Lebens unzufrieden.**
Ziel	**Nehmen Sie Ihr Leben als Ganzes an, sagen Sie ja auch zu den weniger positiven Seiten.**

Sind Sie mit Ihrem Leben, so wie es ist, zufrieden, oder wünschen Sie sich, irgendwo ein anderes Leben zu führen, an einem anderen Ort zu sein. Vielleicht träumen Sie gerade davon, dieses Buch unter Palmen an einem Sandstrand zu lesen. Obwohl auch Tagträume in gewissem Umfang ihre Berechtigung haben, sollten Sie versuchen, im Hier und Jetzt zu leben und bewußt Ihre gegebene Situation zu akzeptieren. Denn in Ihren Träumen können Sie nicht leben. Zehn Steine können Ihnen dabei helfen.

Ihre Situation: Die zehn Steine

Nicht was wir erleben ist unser Schicksal, sondern wie wir es ertragen.

Salomon Baer-Oberdorf

Sammeln Sie bei Ihrem nächsten Spaziergang zehn Steine, die nur so groß sind, daß Sie sie alle zusammen in einer Hand halten können. Die Steine symbolisieren Ihre Lebenssituation, das, was Sie „haben" und „sind". Nehmen Sie für jeden Bereich, in dem Sie unzufrieden sind, einen Stein weg: einen für den manchmal ärgerlichen Job, einen für den geringen Luxus Ihrer Behausung, einen für die miese Morgenlaune Ihres Lebenspartners und so fort. Wie viele Steine haben Sie dann noch in Ihrer Hand? Nicht mehr viele? Leider ist das genau Ihre Situation. Sieht doch etwas armselig aus, oder? Ihr Ziel soll es sein, alle zehn Steine in der Hand zu behalten, zu allen Aspekten Ihres Lebens ja sagen zu können. Das soll nicht heißen, daß Sie keine Ziele haben dürfen, daß Sie nichts ändern sollen. Der Unterschied ist nur der: Wenn Sie Ihre Situation nicht akzeptieren und sich woanders „hinträumen", nehmen Sie einen Stein weg. Wenn Sie einen bestimmten Aspekt Ihrer Situation ändern, tauschen Sie einen Stein nur durch einen anderen aus.

97. Die Opferrolle aufgeben

Angenommen, Sie werden von Ihrem Chef permanent drangsaliert. Immer wieder kriegen Sie einen drauf, er läßt Sie jeden Mist machen, und wenn was schiefgeht, läßt er Sie im Regen stehen. Die Sache ist klar, die Rollen sind eindeutig verteilt: Er ist der böse Unterdrücker, und Sie sind das arme Opfer.

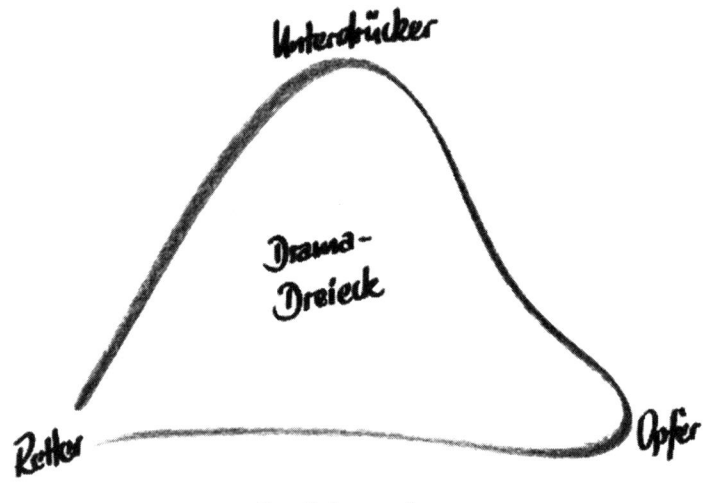

Vom Opfer zum Retter

Stellen Sie sich jetzt einmal vor, Sie sitzen beide auf einer Bierbank, und zwar Sie ganz rechts und Ihr Chef ganz links. Jetzt stehen Sie auf. Was passiert? Ganz einfach. Jetzt fehlt plötzlich das Gegengewicht zu Ihrem Chef und Unterdrücker, die Bank kippt, und Ihr Chef sitzt auf dem Boden. Oder etwas abstrakter: Stellen Sie sich zwei Punkte vor, der eine ist mit „Unterdrücker" der andere ist mit „Opfer" markiert. Jetzt nehmen Sie das Opfer weg, und plötzlich gibt es auch keinen Unterdrücker mehr, kann es nicht mehr geben, weil dieser nur durch die Relation zu einem Opfer definiert werden kann.

Wer nicht streitet, mit dem kann niemand in der Welt streiten.   *Lao Dse*

Die Relation Opfer-Unterdrücker muß in Ihrem Kopf beseitigt werden. Stehen Sie auf. Stellen Sie sich hierzu einen Retter vor, der Ihnen hilft. Überlegen Sie, welche Eigenschaften der Retter haben muß, um dem Unterdrücker Paroli bieten zu können. Der Retter verfügt zweifelsohne über Eigenschaften, die Sie selbst an sich vermissen, was Sie zum Opfer macht. Der Retter ist zum Beispiel locker und selbstbewußt, während Sie regelmäßig klein beigeben und sich eine reinwürgen lassen. Üben Sie dann auf dem „Trockenen" den Wechsel von der Opfer- in die Retter-Rolle. Stellen Sie sich vor, wie Ihr Chef Sie wieder mal rund machen will, und wehren Sie sich dann als Ihr eigener Retter, locker und selbstbewußt. Ihr Chef als Unterdrücker ist nur möglich, weil Sie diese Rolle zulassen, weil Sie selbst die Rolle des Opfers einnehmen. Wenn Sie sich selbst mit dem Retter identifizieren, hat der Unterdrücker keine Chance mehr.

98. Taschenlampe und Kerze *oder* Lassen Sie sich nicht blenden

Problem	**W**ir hören nur auf die, die am lautesten brüllen.
Ziel	**W**ir sollten uns auch auf die leiseren Stimmen konzentrieren.

Stellen Sie sich vor, Sie sitzen in einem dunklen Raum, und plötzlich macht jemand eine starke Taschenlampe und eine Kerze an. Was sehen Sie? Klar, nur das grelle Licht der Taschenlampe.

Das Licht der Taschenlampe „überdeckt" das Licht der Kerze

Im Berufsleben ist es leider auch meistens so, daß wir nur den wahrnehmen, der am lautesten brüllt, andere überhören wir dann einfach. Oder wir orientieren uns an dem, der in der Hierarchie oben sitzt, über ein bestimmtes Renommee und die entsprechenden Statussymbole verfügt.

Wer im Recht ist, wird sich auch schweigend durchsetzen.   _Yukio Michima_

Doch wenn wir, geblendet vom Licht der Taschenlampe, eine Hand vor die Augen halten, sehen wir durch die Finger auch das schwächere Licht der Kerze. Und dann erkennen wir vielleicht auch, daß die Kerze viel näher bei uns ist, oder daß ihr Licht viel wärmer und angenehmer ist als das der Taschenlampe. Genauso sollten wir auch versuchen, die leiseren Stimmen zu hören und zu prüfen, ob das, was sie uns zu sagen haben, für uns nicht sehr viel wichtiger ist als das Dröhnen irgendeines Wichtigtuers.

99. Der Sägeblatt-Effekt *oder* „Arbeitsinseln" schaffen

Problem	Permanente Störungen hindern Sie daran, über einen längeren Zeitraum auf Ihrem Leistungshoch zu arbeiten.
Ziel	Verschaffen Sie sich die nötigen Freiräume.

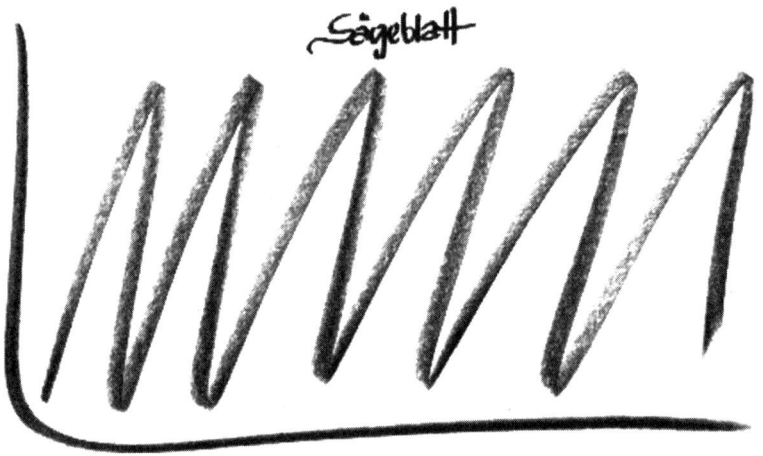

Unsere Leistungskurve gleicht einem Sägeblatt

Es gibt wohl kaum einen Tag, an dem man ungestört durcharbeiten kann, an dem nicht dauernd das Telefon klingelt, irgendein Besucher ins Zimmer kommt oder eine andere Ablenkung den Arbeitsrhythmus stört. Es sind zwar immer nur kurze Störungen, aber sie zwingen uns dazu, unsere Arbeit immer wieder neu zu beginnen. Jedesmal müssen wir aufs neue geistige Rüstzeit investieren, bis wir wieder richtig drin sind, und – schon wieder läutet das Telefon. Die ständigen

Unterbrechungen sorgen dafür, daß unsere Leistungskurve einem Sägeblatt gleicht. Eine Leistungsspitze fällt durch eine Unterbrechung steil ab. Ist die Unterbrechung beendet, folgt ein Leistungsanstieg bis zum nächsten Gipfel, bis wir auch von diesem wieder heruntergeholt werden.

Ausdauer kann die beste Zeitersparnis sein. *Horst Friedrich*

Um zumindest einmal am Tag ein hohes Leistungspotential über einen längeren Zeitraum aufrecht zu erhalten, sollten wir uns eine „Arbeitsinsel" schaffen, eine stille Stunde reservieren, in der wir keine Telefonate entgegennehmen und keine Besucher empfangen. Es wäre sinnvoll, wenn in einem Unternehmen alle Mitarbeiter den gleichen Zeitraum für diese Arbeitsstunde einplanen könnten, dann wäre gesichert, daß zumindest innerhalb des Unternehmens niemand einen anderen unterbrechen kann.

10 Über den Rand hinaus

100. Zufriedenheit durch Zustimmung

Problem	Sie sind trotz Ihrer Erfolge unzufrieden.
Ziel	Machen Sie Ihr Glück nicht von dem Erreichen zukünftiger Ziele abhängig. Sagen Sie ja zu Ihrer gegenwärtigen Situation.

Wann waren Sie das letzte Mal glücklich? Wissen Sie nicht mehr? Ist schon zu lange her? Schade eigentlich, wo es doch so einfach ist, Glück zu empfinden.

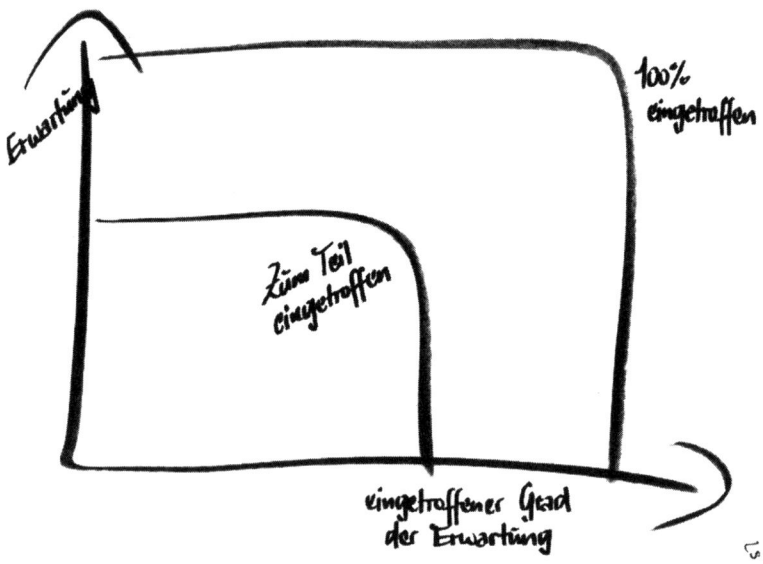

Sagen Sie ja zu dem, was ist

Fragen Sie sich doch einmal, was für Sie zum Glücklichsein dazugehört. Die meisten von uns sind glücklich, wenn Erwartungen, die sie an ihr Leben stellen, in Erfüllung gehen: wenn sie befördert werden, wenn der Porsche in der Garage steht oder wenn die Finanzierung fürs eigene Haus abgesichert ist. Doch diese Glücksgefühle sind in der Regel nur von kurzer Dauer. „Glück und Glas, wie leicht bricht das" – die Vergänglichkeit des Glücks ist zum einen dadurch bedingt, daß wir das, was wir haben, recht schnell auch wieder verlieren können, zum anderen aber – und das ist weitaus wichtiger – weil sich meistens recht schnell Unzufriedenheit einstellt in bezug auf das, was wir erreicht oder erhalten haben. Nach dem Motto: „Schneller, höher, weiter" wollen wir qualitativ oder quantitativ mehr, aber nicht getragen von dem olympischen Wert „dabeisein ist alles", sondern von dem Mehr-Wert, den wir uns von unseren neuen Zielen erhoffen. Der Zustand des Glücklichseins wird so immer mehr in die Zukunft verlagert, Glück bezieht sich dann auf etwas, das vielleicht einmal sein wird, aber gegenwärtig nicht ist.

Das Glück besteht im schönen Fluß des Lebens.   *Zenon*

Wenn bestimmte Erwartungen erfüllt werden – wenn endlich der Porsche in der Garage steht sagen wir, wenn auch nur kurz, ja zu dem, was ist: wir sind glücklich. Und hierin liegt eigentlich auch das Geheimnis eines beständigen Glücks. Wir müssen zu dem ja sagen, was ist, zu den positiven aber auch zu den negativen Dingen, eben zu unserem gegenwärtigen Leben und schließlich auch zu uns selbst. Glück bedeutet dabei nicht den Zustand permanenter Euphorie, sondern mehr einen Zustand der Dankbarkeit. Das soll natürlich nicht heißen, daß wir uns keine Ziele setzen sollten, nur sollten wir den Wert unseres Lebens nicht von diesen Zielen abhängig machen, denn Leben ist kein relativer, sondern ein absoluter Wert.

101. Personenwahrnehmung mit Hindernissen

Problem	Die Wahrnehmung eines Gesprächspartners wird zu sehr durch die eigene Gefühlslage bestimmt.
Ziel	Es soll gelernt werden, sich diese subjektiven Faktoren bewußt zu machen, um ein Gespräch rational, das heißt zielorientiert, führen zu können.

„Niemand sieht, als was er weiß", sagte schon der alte Goethe und formulierte damit eine erkenntnistheoretische Aussage, die auch heute noch ihre Gültigkeit hat. Die aktuelle Erkenntnistheorie würde sagen, daß unsere Wahrnehmung der Umwelt, der Personen und Sachverhalte, immer konstruktiv ist, das heißt, daß unsere Wahrnehmung durch unsere Persönlichkeit gleichsam geprägt wird. Wahrnehmungsprägend wirken nicht nur grundsätzliche allgemeine Charakterzüge, sondern auch aktuelle „psychische Zustände" in konkreten Situationen.

Besuchen Sie zum Beispiel leicht genervt, weil Ihr letztes Kundengespräch sehr unerfreulich war, den nächsten Kunden, werden Sie diesen und die gesamte Gesprächssituation Ihrer gefühlsmäßigen Voreinstellung entsprechend wahrnehmen. Die Aufforderung, „Bitte setzen Sie sich doch", werden Sie zum Beispiel innerlich mit einem „förmlicher Umstandsbolzen" quittieren, obwohl sie als freundliche Geste der Höflichkeit gedacht war.

Dieselbe verzerrte Wahrnehmung von Personen resultiert auch aus allgemeinen Charakterzügen. Sind Sie beispielsweise ein mißtrauischer Mensch, gibt Ihnen jeder Ihrer Gesprächspartner subjektiv Anlaß, mißtrauisch zu sein.

Wer viel von sich erzählt, erfährt über den anderen wenig.

Um Gespräche mit Vorgesetzten, Mitarbeitern oder Kunden aber in Ihrem Sinne beeinflussen zu können, müssen Sie jedoch über ein möglichst hohes Maß an Objektivität verfügen. Versuchen Sie also, Wahrnehmungsverzerrung zu vermeiden. Werden Sie sich zum Beispiel vor Beginn eines wichtigen Gespräches bewußt, in welcher psychischen Verfassung Sie selbst sind. Vergegenwärtigen Sie sich Ihre grundsätzlichen Charakterzüge, die einer objektiven Gesprächsführung im Weg stehen könnten. Denn Ihre „Verfassung" bestimmt nicht nur, wie Sie Ihre Umwelt wahrnehmen, sondern auch, wie Sie von dieser wahrgenommen werden: Gehen Sie, um noch einmal das Beispiel von oben aufzugreifen, schlecht gelaunt in ein Kundengespräch, nehmen Sie Ihren Gesprächspartner in einem negativen Licht wahr, Sie selbst verhalten sich entsprechend Ihrer schlechten Laune so, daß Sie auf Ihren Gesprächspartner einen negativen Eindruck machen, was dazu führen wird, daß dieser sich Ihnen gegenüber tatsächlich negativ verhält. Das ganze führt dann schlicht und einfach zu einer self-fulfilling prophecy.

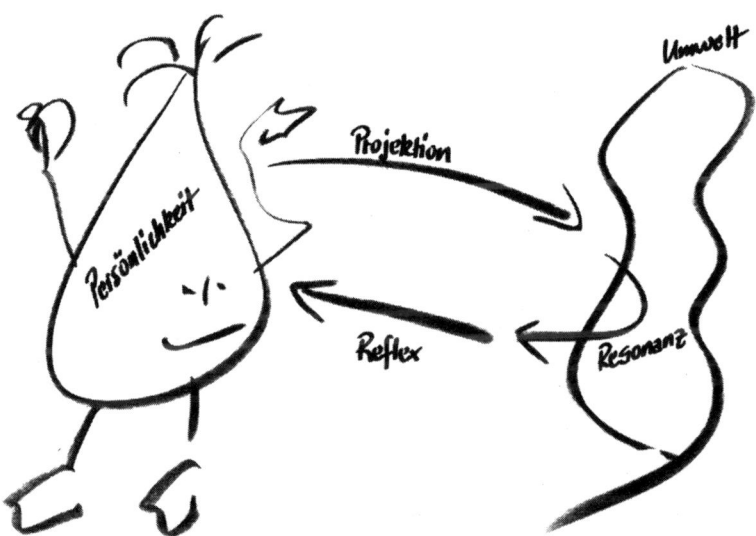

Wir können nur die Wellenlängen empfangen, die unserem Empfänger entsprechen

102. „Innovativ" oder „Chancen verpaßt"?

Problem	Sie möchten wissen, ob Sie genug aus dem machen, was das Leben Ihnen bietet.
Ziel	Überlegen Sie sich, ob Sie für Neues offen oder eher konservativ sind und wie Sie mit dieser „Perspektive" umgehen.

Jeder Kopf ist eine Welt.   *Kubanisches Sprichwort*

Haben Sie schon einmal darüber nachgedacht, wie Sie mit Angeboten, die Ihre Umwelt anbietet, umgehen? Mit Angeboten ist hier alles gemeint, was so in Ihr Leben tritt, was in Ihrem Handlungsbereich liegt, Menschen, all das, was Sie tun könnten. Welche Einstellung, welche innere Haltung haben Sie Ihrem Leben gegenüber? Um einer Antwort auf diese Frage und somit sich selbst etwas näher zu kommen, sollten Sie sich einmal anhand der Gegensatzpaare „neu/bekannt" beziehungsweise „nicht gelebt/gelebt" charakterisieren. Verwenden Sie hierzu das Koordinatensystem.

Haben Sie oft neue Ideen, lernen Sie regelmäßig neue Menschen kennen, entdecken Sie immer wieder etwas Neues in Ihrem Leben? Dann stehen Sie in der oberen Hälfte. Nehmen Sie diese Angebote an, setzen Sie neue Ideen um, pflegen Sie neue Bekanntschaften? Dann haben Sie im rechten oberen Quadranten Ihren Platz. Wenn Sie all dem aber eher ängstlich und passiv gegenüberstehen, dann finden Sie sich im linken oberen Quadranten wieder.

Haben Sie grundsätzlich mehr eine Perspektive auf die bekannten, Ihnen vertrauten Dinge und Personen, verfügen Sie über ein mehr statisches als offenes Weltbild, dann finden Sie sich in der unteren Hälfte wieder. Leben Sie die Dinge, die Ihnen bekannt sind, pflegen Sie über lange Jahre hinweg einen kleinen aber festen Freundeskreis, dann stehen Sie im rechten unteren Quadranten, setzen Sie sich mit nichts von dem, was Sie kennen, auseinander, haben Sie zu allem Distanz, dann stehen Sie im linken unteren Quadranten.

Natürlich, eine sehr schematische Einteilung, aber Sie kann vielleicht doch ein wenig zu Ihrer Selbsterkenntnis beitragen. Stehen Sie rechts oben, stehen Sie auch mitten im Leben, Sie sind ein offener, innovativer Typ, und Sie sind vor allem auch aktiv, ein Macher. Stehen Sie links oben, haben Sie zwar grundsätzlich die Fähigkeit, Neues wahrzunehmen und zu denken. Ihre Ängstlichkeit hindert Sie jedoch daran, die Dinge anzunehmen.

Stehen Sie rechts unten, sind Sie eher ein konservativer Typ. Sie wissen, was Sie haben, und sind damit auch ganz zufrieden. Stehen Sie links unten, gehören Sie auch zu den konservativen Zeitgenossen, Sie sollten sich aber Gedanken darüber machen, ob das Leben nicht zu sehr an Ihnen vorübergeht.

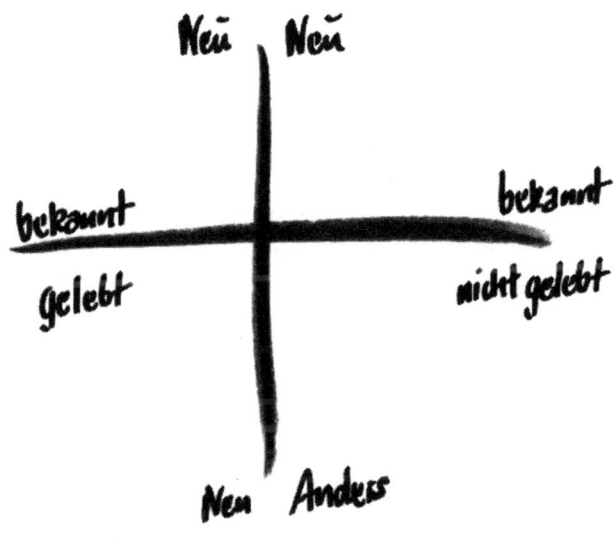

Wo stehen Sie?

Außerdem: Überlegen Sie sich doch auch einmal, wo Sie Ihr Unternehmen einordnen würden, bei „Innovativ" oder bei „Chancen verpaßt"!

103. Die kreative Kraft der Wahrnehmung

Problem	Problemlösungsprozessen wird als Basis nur die Umwelt zugrunde gelegt, wie sie „wirklich" ist.
Ziel	Weisen Sie auf die kreative Kraft des menschlichen Geistes hin.

Wir sehen die Welt so, wie sie ist, und die Welt ist so, wie wir sie sehen. In diesem Satz lassen sich überspitzt die zwei erkenntnistheoretischen Positionen des Materialismus und des Idealismus gegenüberstellen. Die materialistische Position geht von einer strukturierten Wirklichkeit aus, die wir in ihrer Strukturiertheit wahrnehmen. Unsere Erkenntnis wird als Abbild der Realität verstanden. Die streng idealistische Position hingegen spricht der Welt jede Struktur ab. Es ist unser Geist, der die Welt strukturiert und sie seinen Kategorien entsprechend ordnet.

Die „Wahrheit" liegt natürlich, wie so oft, in der Mitte. Beide Positionen haben unrecht, was Ihren Alleingültigkeitsanspruch angeht, beide Positionen haben recht, wenn sie jeweils als „Teilwahrheiten" verstanden werden. Das Wechselspiel von strukturierter Wirklichkeit und strukturierender Wahrnehmung läßt sich hervorragend mit Hilfe einer einfachen „Übung" demonstrieren.

Betrachten Sie das Gitternetz, und zählen Sie die Quadrate, die Sie sehen. Wie viele sind es? Neun? Dann haben Sie aber ein paar übersehen. Sie haben sich dann lediglich an der vorgegebenen Struktur orientiert, ohne die Kreativität Ihrer Wahrnehmung, deren ordnende Kraft zu nutzen. In Gedanken können Sie nämlich jeweils vier Quadrate zu einem größeren Quadrat gruppieren, alle neun kleinen Quadrate zusammen ergeben schließlich ein umfassendes großes Quadrat. Insgesamt erhalten Sie auf diese Weise 14 Quadrate!

Zwei Wahrheiten können sich nie widersprechen.　　　　　*Galileo Galilei*

Eine gegebene Wirklichkeit – das Gitternetz – wird durch die Kreativität unseres Geistes gestaltet und zu größeren Quadraten organisiert. Der wissenschaftliche Ansatz, der den Prozeß der kreativen Wahrnehmung grundsätzlich gut erklären kann, ist die Evolutionäre Erkenntnistheorie. Sie beschreibt, wie sich der menschliche Geist, unsere Wahrnehmungskategorien, im Lauf der Evolution in der Auseinandersetzung mit der Realität entwickelt hat. Die Realität hat auf diese Weise im Lauf der Entwicklungsgeschichte des Menschen, der sogenannten Phylogenese, den Geist geprägt. Der Geist strukturiert und prägt aber auch die Realität. Er bildet zum Beispiel „künstliche" Kategorien, die für ihn in einem bestimmten Lebensraum wichtig sind und nimmt entsprechend dieser Kategorien eben auch die Wirklichkeit wahr. So unterscheiden Eskimos zum Beispiel sehr viel mehr Schneesorten als ein Südeuropäer. Sie „sehen" Schnee weitaus differenzierter.

Nutzen auch Sie die strukturierende Kraft Ihres Geistes, dieses enorme kreative Potential. Erkennen Sie, daß Problemsituationen nicht nur aus „neun", sondern aus „14 Quadraten" bestehen.

Wie viele Quadrate sehen Sie?

104. Wer hat recht? *oder* Der Elefant

Problem	Unterschiedliche Meinungen prallen aufeinander.
Ziel	Verdeutlichen Sie den Unterschied zwischen Wahrheit und Ansicht.

Wenn sich Ihre Mitarbeiter einmal wieder darüber streiten, wie man dieses und jenes zu sehen und zu machen habe, und jeder Recht behalten möchte, erzählen Sie ihnen die Geschichte von den drei Kaufleuten und dem Elefanten.

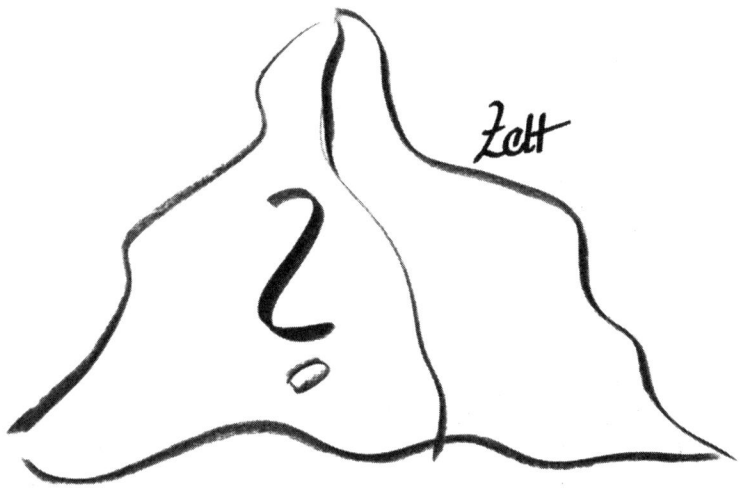

Ein Elefant: Fächer, Säule oder Seil?

Die Wahrheit ist weder Kern noch Schale, sie ist das Ganze mit einemmale.

Johann Wolfgang von Goethe

Es war einmal in Italien, vor langer langer Zeit, als sich drei Kaufleute auf dem Markt stritten. Jeder behauptete, er alleine hätte Recht. Weil sie zu keinem Ergebnis kommen konnten, wendeten sie sich an einen Weisen, der auf dem Markt Rat und Auskunft erteilte. „Weiser, sage du uns, wer Recht hat", baten sie ihn, nachdem jeder seine Version des Streitfalles dargestellt hatte. „Ihr werdet euch selbst die Antwort geben", sprach der Weise und führte die verwunderten Kaufleute vom Markt weg aufs Land hin zu einem Stall. „In diesem Stall", fing der Weise an zu sprechen „steht ein Tier, das ihr bislang bestimmt noch nicht zu Gesicht bekommen habt, es ist ein Elefant aus dem fernen Afrika. Jetzt geht zusammen in den Stall und sagt mir, was denn ein Elefant nach Eurer Meinung ist. Im Stall ist es dunkel. Ihr werdet also nichts sehen und müßt eure Hände zur Hilfe nehmen." – Die drei Kaufleute gingen also in den Stall, tappten durch die Dunkelheit bis zum Elefanten und begannen, ihn zu betasten. Nach ein paar Minuten rief sie der Weise zu sich hinaus und fragte sie, was denn nun ein Elefant wäre. Der eine Kaufmann, der in der Dunkelheit ein Ohr des Elefanten erwischt hatte, berichtete: „Ein Elefant ist ein großer weicher Fächer." – „Nein, völlig falsch", unterbrach ihn der zweite, der ein Bein des Elefanten betastet hatte, „ein Elefant ist eine feste und runde Säule." – „Fächer, Säule", höhnte der dritte, der den Schwanz des Elefanten in seine Finger bekam, „ein Elefant ist weder das eine noch das andere, er ist ein Seil mit einer Quaste am Ende." „Sag' uns nun, wer Recht hat", bedrängten sie den Alten. Der pfiff nur kurz durch seine Finger, und der Elefant trabte gemächlich aus der Dunkelheit des Stalles ans Sonnenlicht, und die beschämten Kaufleute sahen, daß jeder nur einen Teil der Wahrheit erkannt hatte. Ihren Streit legten sie alsbald zur Seite und achteten die Meinung der anderen.

105. Das Pendel des Lebens

Problem	Sie klammern sich zu sehr an die positiven Seiten des Lebens.
Ziel	Machen Sie sich bewußt, daß negative Erfahrungen nötig sind, um die positiven richtig erleben zu können.

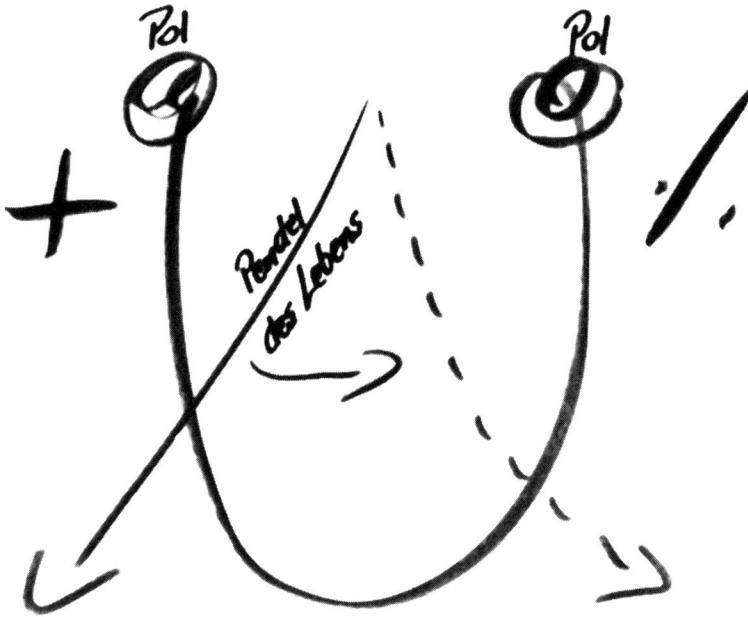

Das Pendel ist permanent in Bewegung, und Bewegung bedeutet Leben

Wie ein großes Pendel schwingt auch unser Leben hin und her. Befindet es sich in einem Jahr auf der Seite des Glücks und der Freude, dann befindet es sich im nächsten Jahr vielleicht schon auf der anderen

Seite, auf der des Unglücks und der Trauer. Für ein erfülltes Leben ist es wichtig, daß wir beide Seiten annehmen und als Einheit verstehen. Die eine ist ohne die andere nicht denkbar. Ein Trampolinspringer kann nach einem Sprung auch nicht oben bleiben, er muß zuerst wieder nach unten, um sich von da erneut wieder nach oben schnellen zu lassen. Um einen Stein weit in eine bestimmte Richtung zu werfen, müssen Sie zuerst in die entgegengesetzte Richtung ausholen, um genügend Schwung für den Wurf zu erhalten. Montesquieu, der französische Staatsphilosoph und Schriftsteller, faßte den Wert der beiden Seiten des Lebens in einer Sentenz zusammen: Das Glück ist unsere Mutter, das Mißgeschick unser Erzieher.

Kein Mensch von allen ist auf Erden stets beglückt. *Euripides*

Die meisten Menschen können nur die eine Seite des Lebens akzeptieren, sie klammern sich an Glück und Freude, um nicht auf die „negative" Seite zu schwingen. Auf diese Weise nehmen sie einen großen Teil der Dynamik aus ihrem Leben, sie bauen gleichsam einen Stopper in das Pendel des Lebens ein, der sie davor bewahren soll, auf die Seite des Negativen zu schwingen. Das Pendel verliert an Schwung, und ein Pendel ohne Schwung kommt in der Mitte zum Stillstand. Es mag sein, daß man sich von negativen Erfahrungen fernhalten kann, oder daß man Trauer und Leid nicht „an sich heranläßt", genausowenig wird man dann aber auch die schönen Dinge, das Glück genießen können. Dem Pendel fehlt einfach der Schwung, um auf die Seite des Glücks ausschlagen zu können.

Auch Unternehmen sind dieser Dynamik unterworfen. Erfolgen schließen sich Mißerfolge an. Mißerfolge und Krisen sind jedoch immer auch Chancen, die Kräfte zu konzentrieren, um dann mit neuer Kraft so weit wie möglich wieder auf die Seite des Erfolges zu kommen. Gestehen Sie auch Ihren Mitarbeitern diese Pendelbewegung zu. Nur weil ein Projektleiter schon zum zweiten Mal keinen Erfolg hatte, dürfen Sie ihn nicht einfach feuern oder kaltstellen. Vielleicht pendelt er gerade auf die negative Seite, um von da aus in Richtung Erfolg zu schwingen.

106. Streß verändert die Wahrnehmung

Problem	Ihre Mitrabeiter oder Kollegen stehen enorm unter Druck. Der Streß läßt viele Dinge schwieriger aussehen, als sie es eigentlich sind.
Ziel	Machen Sie deutlich, wie Streß die Wahrnehmung beeinflußt.

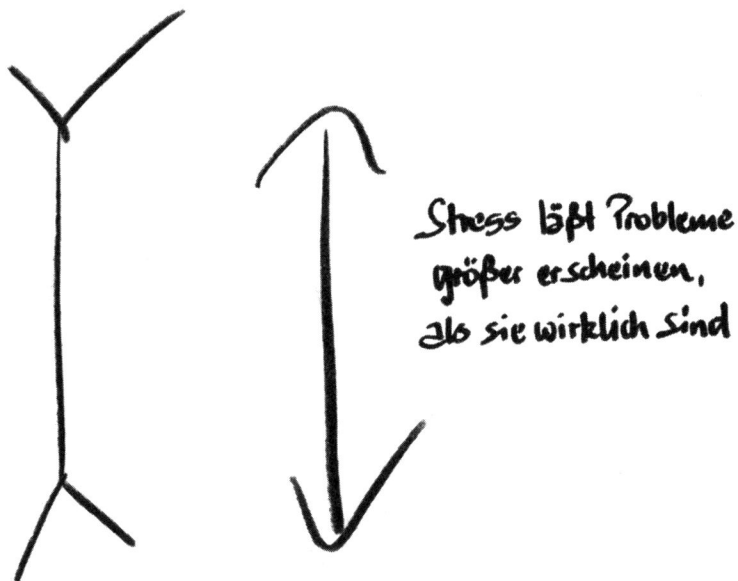

Stress läßt Probleme größer erscheinen, als sie wirklich sind

Die beiden Linien scheinen durch den unterschiedlichen „Kontext" verschieden lang zu sein

Ein Liefertermin muß überzogen werden, ein reklamiertes Produkt muß sofort nachgebessert werden, in der dafür nötigen Zeit sollte jedoch dringend ein wichtiger Projektantrag ausgearbeitet werden. Jetzt wird auch noch ein Mitarbeiter krank: Streß ohne Ende. Auch das kleinste Problem erhält in diesem Streßkontext eine neue Bedeutung. Probleme, die in ruhigen Zeiten fast „mit links" erledigt werden konnten, scheinen jetzt nahezu unlösbar, und zwar nicht deshalb, weil es jetzt etwa an der nötigen Zeit fehlen würde, sondern deshalb, weil der Streß die Probleme größer erscheinen läßt, als wenn sie sich in einem positiven Kontext befänden. Die Wahrnehmung des Problems verhält sich ähnlich wie die Wahrnehmung gleich großer Linien, die durch unterschiedliche „Klammerung" unterschiedlich lang erscheinen.

Ruhe zieht das Leben an, Unruhe verscheucht es.   *Gottfried Keller*

Also: Machen Sie sich die Wahrnehmungsverzerrung bewußt. Lösen Sie die Probleme aus dem aktuellen Streßkontext. Erinnern Sie sich zum Beispiel daran, wie Sie früher bereits ähnliche Aufgaben relativ leicht gemanagt haben. Konzentrieren Sie sich dabei immer auf ein einziges Problem. Wenn Sie zuviel ungelöste Aufgaben gleichzeitig im Kopf haben, können Ihre Gedanken nicht zur Ruhe kommen.

Epilog

Die Lektüre dieses Buches bietet Ihnen die Chance, Ihre eigenen Vorträge, Reden oder Beiträge in Meetings durch die Kombination von Text und Bild auf den Punkt zu bringen. Ich selbst habe im Lauf meiner Beratertätigkeit eine recht umfangreiche Sammlung von Texten und Bildern zu den unterschiedlichsten Themenbereichen entworfen, auf die ich immer wieder gerne zurückgreife.

Damit auch Sie in den Genuß des Vorteils der „zwei Sprachen" kommen, sollten Sie sich angewöhnen, zu jedem Problem, an dem Sie arbeiten, zu jeder Idee, die Sie zu einer Fragestellung aus Ihrem Unternehmensalltag haben, eine Skizze oder Grafik zu entwerfen. Im Lauf der Zeit können Sie so auf ein fundiertes Archiv zurückgreifen, das Ihnen dabei helfen wird, Ihre Präsentationen oder Statements zu unterstreichen – eine wertvolle „Fundgrube" zum Beispiel auch bei der Ausarbeitung umfangreicherer Reden.

Aber auch zusammen mit Ihren Mitarbeitern, Kunden und Geschäftspartnern empfehle ich Ihnen, zu bestimmten Fragestellungen nach geeigneten bildhaften Darstellungen suchen. Sie werden überrascht sein, welche zusätzliche Bedeutungsdimension durch das „Denken in Bildern" geöffnet wird, welches ungeheure Problemlösungspotential sich dadurch erschließt.

Weil auch ich ständig daran interessiert bin, mein „Bildarchiv" zu erweitern, und weil ich mir eine intensive Kommunikation mit meinen Lesern wünsche, bitte ich Sie, mir Ihre eigenen Text- und Bildentwürfe zu Fragen aus Ihrem Unternehmensalltag zu schicken – wer weiß, vielleicht sogar als „Material" für ein weiteres Buch, in dem Sie, liebe Leser, unter Ihrem Namen Lösungsvorschläge präsentieren.

Auf Ihr Feedback freut sich
Ihr WOLF W. LASKO

Der Autor

Wolf W. Lasko, Jahrgang 1953, Diplomingenieur und Diplomkaufmann, ist geschäftsführender Gesellschafter der Winner's Edge, Gesellschaft für Führungs-, Strategie- und Verkaufscoaching mbH, in Düsseldorf. Zu seinen speziellen Beratungsschwerpunkten zählt die Umsetzung von Veränderungsprozessen in Unternehmen, besonders in Großprojekten. Seine Bücher „Small talk und Karriere" (1993), „Charisma" (1994) „Personal Power" (1995), „Die Kraft der Faszination" (1995), „Professio-  nelle Neukundengewinnung" (1996), „Dream Teams" (1996) und „Stammkunden-Management" (3. Auflage 1997) sind ebenfalls bei Gabler erschienen.

Weitere Bücher von Wolf W. Lasko

Small talk und Karriere
– Mit Erfolg Kontakte knüpfen –
ISBN 3-409-19679-X, 1993, 176 Seiten, DM 58,–
Nur wer Small talk sicher und elegant beherrscht, findet auch die richtigen
Kanäle zur Spitze und kann sich dort behaupten, wo die Luft dünn wird.

Charisma
– Mehr Erfolg durch persönliche Ausstrahlung –
ISBN 3-409-19680-3, 1994, 260 Seiten, DM 68,–
Wer Charisma besitzt, wirkt faszinierend, attraktiv und hat Erfolg. Teils höchst
amüsante Tips helfen, die persönliche Ausstrahlung gezielt zu verbessern.

Personal Power
– Wie Sie bekommen, was Sie wollen –
ISBN 3-409-19699-4, 1995, 216 Seiten, DM 68,–
Wer sich Schritt für Schritt in unbekannte Gebiete wagt und sich von
lähmenden Gewohnheiten befreit, kann das Potential seiner Personal Power
erkennen und ausschöpfen. Wie, das zeigt dieses faszinierende Buch.

Die Kraft der Faszination
– Talente aufspüren, Lebensvisionen entwerfen,
Begeisterung erleben –
ISBN 3-409-19623-4, 1995, 244 Seiten, DM 68,–
Ein überaus nützlicher Begleiter bei der spannenden Entdeckungsreise
zu den eigenen Talenten.

Dream Teams
– 110 Stories für erfolgreiches Team-Coaching –
ISBN 3-409-19624-2, 1996, 276 Seiten, DM 68,–
110 spannende Geschichten rund ums Thema „Team-Coaching", mit denen
es gelingt, Teams zu motivieren und zum Erfolg zu führen.

Zu beziehen über den Buchhandel oder den Verlag.
Stand der Angaben und Preise: 1.4.1997.
Änderungen vorbehalten.

GABLER

BETRIEBSWIRTSCHAFTLICHER VERLAG DR. TH. GABLER GMBH, ABRAHAM-LINCOLN-STR. 46, 65189 WIESBADEN